Bruno Cascianelli

UTOPIA

- Bruno Cascianelli -

LA PREMESSA

"Se n'è andato un altro, hai visto?", la mia signora facendo capolino dalla porta semichiusa dello studio, dove ormai passo buona parte del tempo quando sono in casa, mi piace il chiarore appena soffuso che viene dal balcone che guarda a nord, e attraverso la porta finestra, quasi sempre aperta, poso lo sguardo sui fiori che soprattutto lei ha in cura meticolosa, ma sempre il mio sguardo va per prima cosa sulla pianta di limone che sta lì da oltre quarant'anni e non smette di fruttare. La cogliemmo che era sperduta in mezzo a tanta sterpaglia nello spazio, allora pressoché abbandonato, che sta di fronte alla Basilica di San Pancrazio dove avevamo appena battezzato nostro figlio, e ci sembrava d'aver fatto cosa meritevole di amore e di cura, e ancor oggi vado a contare e a controllare i fiori quando nascono, e uno ad uno li riconosco tutti mentre crescono e diventano frutto, e con una sottilissima cannuccia mi intestardisco finanche a togliere loro di torno quella miserabile sostanza bianca che vi si accanisce quando iniziano a prendere odore e colore. La maledetta cocciniglia. Che finora con me non l'ha avuta vinta, ma sento che mi sta venir meno la voglia di proseguire nella defatigante lotta contro questa speciale, e forse necessaria, forza della natura.

Avvicinandosi, la mia signora si era accorta che la notizia la stavo leggendo on line, e dalla mia espressione doveva aver compreso che la cosa non mi stava a colpire più di tanto, anche se lei aveva proseguito l'annuncio dicendo ma chi se lo sarebbe mai aspettato un uomo di tal fatta e fama andarsene così all'improvviso come un miserello qualsiasi. Sì, si trattava proprio di lui, di quell'Omar Sharif che tanto ci era piaciuto quando insieme avevamo trepidato per la sua magistrale interpretazione del Dottor Zivago, e ci sembrava che a soffrire non fosse lui, Zivago, ma l'altro, l'Omar Sharif appunto, che se ne andava a morire sul marciapiede stringendosi la mano al cuore con lo sguardo rivolto ad un sogno che voltava all'angolo della strada.

Da qualche tempo sembrava che la mia signora si fosse presa la briga di annunciarmi la dipartita di qualcuno della mia generazione o giù di lì, e spesso, se persone notoriamente più "in", addirittura di gente anche molto meno anziana di me, quasi a volermi significare, di sicuro senza alcun intento iettatorio, che era inutile illudersi per un ragguardevole traguardo già raggiunto, perché bastava un niente, un "acca" come sentivo dire fin da bambino, ed ecco che il giocattolo della vita si sarebbe rotto, e più il giocattolo sembrava ben fatto e costruito più i pezzi che lo componevano se ne sarebbero andati sferragliando da tutte le parti per la discesa dell'esistenza.

Ci furono presto altri annunci di quel genere, riguardanti personaggi noti e anche gente comune, parenti ed amici di vecchia data, e da ultimo anche quello di un noto stilista che sembrava se ne fosse andato a causa del gran caldo di Milano. Dico da ultimo, perché poi ho messo una saracinesca al cervello deliberatamente impedendogli di prendere atto di quanto accadeva nel mondo dei miei coetanei, avendo ben a ragione di che preoccuparmi per i fatti miei, per esempio anche occupandomi di sistemare le idee che nel corso della esistenza mi si erano affollate nella mente, e mi sarebbe dispiaciuto assai lasciarle in ordine sparso e non consentire a nessuno di capire che razza di essere umano io fossi stato nelle mie intime convinzioni.

Quasi avessero intuito che era arrivata la loro ora per mettersi in luce, le idee mi venivano incontro affollandosi come turbe impazzite, nessuna voleva essere lasciata in disparte, ma, come spesso succede nella vita concreta e materiale, una fra tutte ebbe il sopravvento, e cioè la visione di una società organizzata secondo regole semplici e comprensibili a tutti, incluse quelle riguardanti la tassazione dei cittadini, intesa come dovere di contribuire alla civile convivenza nell'ambito di uno Stato. Una tassazione umana. Bella, appunto, come aveva osato dire anche un professorone di quelli coi fiocchi. Un professorone che aveva avuto modo di dire la sua poco prima di andarsene fra i più. Mica roba da niente. Roba da far tremare i polsi, visto che per secoli cervelli di prim'ordine vi si erano impegnati col risultato finale di aver tracciato profondi solchi paralleli non ulteriormente accettabili, da una parte quello della miseria e della ingiustizia, e dall'altra quello dell'opulenza e dell'arroganza del potere.

Mi rendevo perfettamente conto che le mie idee in proposito incarnavano l'utopia per eccellenza, un sistema che per poter nascere presupponeva la distruzione di tutto ciò che era stato fatto prima, perché apparentemente prefigurava quasi un ritorno agli albori della convivenza civile, quando gli uomini si erano, sì, convinti della necessità di contribuire secondo le proprie disponibilità a far fronte alle esigenze della comunità, ma quando le esigenze si avvertivano quasi fossero state concordate e non prefigurate chissà da chi e in quale punto del potere.

Le poche persone alle quali avevo avuto la dabbenaggine di accennare talune delle mie idee avevano ascoltato con grande attenzione e meraviglia, ma poi sempre avevano finito con lo scuotere la testa dicendo che non poteva essere, e che bisognava prima cambiare di qua e di là, e che i cambiamenti sarebbero stati così complicati che tutto il sistema delle leggi in vigore avrebbe dovuto essere stravolto, e che ciò non sarebbe stato mai e poi mai accettato non soltanto dal potere legale ma soprattutto dalla vastissima serie di poteri e poterucoli di fatto, che in quel sistema ci sguazzavano come i girini nello stagno; anche quelli che più avrebbero dovuto rallegrarsi si mostravano increduli, ed era un atteggiamento del tutto naturale, perché come si sarebbe potuto far credere che a mangiare la nonna sarebbe stato Cappuccetto Rosso invece che il Lupo?

Alla fine a ridere delle mie idee ero soprattutto io, perché mi rendevo conto della apparente superficialità delle soluzioni che avevo in mente, e dunque perché meravigliarmi? E poi, avevo per caso chiesto il permesso al cervello prima di pensare, e anche di esternare, soluzioni che per me apparivano come la panacea di ogni problema ma che per la gente dotata del comune sentire altro non potevano sembrare che strampalate soluzioni di un pazzoide post Basaglia? E chi me lo faceva fare? Avevo forse contrattato una qualsiasi consulenza? E non mi rendevo conto delle ridicolaggini in cui sarei incorso anche all'interno della mia famiglia, moglie e figli in prima fila?

Scrivere. Anziché parlare, scrivere. Ma avevo tante altre cose da fare. E da dire. E di tempo ce ne sarebbe stato molto, dopo. Ma il dopo è ormai arrivato, e di tempo ne resta ben poco. Se ne resta. E allora hanno ragione loro, le idee, a premere perché io le prenda in considerazione, e le abbellisca quel tanto da renderle gradevoli e bene in mostra, e pare che adesso mi stiano spiando dalla biblioteca che dal pavimento arriva fino al soffitto in tutte le pareti dello studio, e mi dicano di smettere per un po' di prestare attenzione alla pianta di limone che sta lì sul balcone e di dedicarmi invece alla loro presentazione. Perché anche le idee possono dare frutti, ma come le piante anch'esse possono essere aggredite da qualche speciale forma di cocciniglia, e in questo caso non è consentito smettere di aver voglia di lottare.

Non essendo mai stato autore di saggi scientifici o economici che dir si voglia, desidero far presente che questo non è un saggio, né di economia né di scienza delle finanze, ma un librettino che racconta le cose di tutti i giorni senza pretese di dottrina, e che l'esposizione delle mie idee seguirà una linea strampalata, più innamorata del raccontare che del dire, e che del raccontare cercherò di far mia più la curiosità della conoscenza che hanno i bambini piuttosto che la certezza del sapere insita nei comportamenti degli adulti, ben consapevole che risulterò incomprensibile agli uni e ridicolmente saccente agli altri. Qualche volta, anzi molto spesso, la foga mi prenderà la mano, e allora mi rivolgerò direttamente a te, lettore immaginario e virtuale, e ti darò del tu come se ti avessi sempre conosciuto, perché immaginare di fare un cammino insieme permette di eliminare dai discorsi quella dose di prudenza ed ipocrisia che hanno le persone troppo dabbene, ma spesso anche vigliacche. Il dado, comunque, è tratto. Diamo inizio al lavoro.

1

Mai nel corso della storia l'uomo si è trovato a vivere da solo, tranne, forse, nei pochi istanti prima che Eva fosse tratta dalla costola di Adamo. Da questo momento il primo uomo ha dovuto cominciare a fare i conti con un'altra presenza, con la quale bisognava che si intendesse per far fronte alle elementari esigenze della vita, certamente non per lavorare, giacché tutto ciò che serviva era già a portata di mano, ma, che so, proteggersi da quegli aspetti della natura che avrebbero potuto manifestarsi avversi: per esempio, guardarsi dai serpenti (almeno da *quello là!*) e controllare che la figliolanza crescesse retta nei sentimenti, reciprocamente amorevole e via dicendo. Sembra proprio che non ci siano riusciti granché, perché i fatti, come tutti sanno, andarono in senso del tutto contrario, e ancor oggi non accennano a cambiar direzione, così le generazioni che si sono avvicendate furono costrette a porre dei paletti nei comportamenti reciproci, tra individui e tra aggregazioni. Perché di una cosa fondamentalmente l'uomo ha sempre avvertito il bisogno: della sicurezza del vivere in pace, e del vivere nella giustizia, e, di conseguenza, della necessità di attribuire a qualcuno l'autorità di sovrintendere a tutte queste cose e a disciplinarle nel modo a tutti più accettabile.

Vi sono ancora oggi società che vivono organizzate in tribù, ed è interessante notare come non di molto differiscano dalle attuali le primarie esigenze. La giustizia, ad esempio. Un tempo bastava il capotribù. La sanità: c'era lì pronto lo stregone con piume e colori sulla faccia. I trasporti e le comunicazioni, sempre c'era un corso d'acqua presso il quale gli uomini andavano a mettersi a vivere, e sul fiume-autostrada un andirivieni di piroghe di tutte le dimensioni, le piccole utili a zigzagare tra i flutti veloci e le grandi scavate in tronchi secolari: le utilitarie e le familiari. L'istruzione e l'educazione affidate alla collettività, in primo luogo la famiglia e gli anziani. Ugualmente la difesa della patria aveva primaria importanza, sia nella preparazione dei soldati alla guerra (come si tira una lancia, o una freccia, come si prepara il veleno per intingervi le punte ed essere così certi della morte del nemico colpito, e via cose di questo genere) sia nella riconoscibilità dei propri soldati rispetto a quelli di altre comunità, ed ecco il mascheramento del corpo con disegni e colori i più vari, e piumaggi sulla testa dei capi, insomma tutto ciò che contraddistingueva, ieri come oggi, un esercito dall'altro, la semplice truppa e i caporioni gallonati. Si potrebbe ancora accennare ad altre faccende riguardanti la vita dei primi e primitivi uomini sulla Terra (ad esempio la caccia, l'agricoltura, la religione, l'onore ai defunti, la struttura della famiglia e la rilevanza nell'ambito della comunità) ma ciò non indurrebbe ad una maggiore comprensione di quello che alla fine vorrei far intendere, e cioè che per l'organizzazione pratica della comunità, e per il raggiungimento dei fini che essa si proponeva, nessuno era tenuto a corrispondere un qualche cosa o valore che andasse oltre ciò che i componenti del gruppo fossero in grado di dare, e quello che davano come offerta andava soprattutto al capotribù e allo stregone, in quanto personalmente impegnati a portare a soluzione questioni non altrimenti risolvibili. Detto in parole povere, non esistevano *tasse* né *imposte*. E intorno a queste parole le mie idee hanno cominciato ad essere insofferenti, soprattutto da quando, in tempi già molto lontani, avevo preso coscienza che, a prescindere dalle apparenze, l'umanità andava sempre più spaccandosi, ma senza grossi rumori, in due sotto-società, dove la prima, esigua e pressoché invisibile, sarebbe stata preordinata al comando e alla supremazia sull'altra, enormemente più consistente della prima ma resa permeabile e inconsapevolmente sottomessa in una soffice ragnatela costruita sulle parole più belle che la storia dell'uomo abbia saputo rinvenire scavando nell'animo dei migliori pensatori, e cioè *uguaglianza, democrazia, libertà, fratellanza.*

Nei due concetti di tassa e imposta pare che il mondo abbia compreso una grande quantità di cose, perché come ti giri in ogni paese del pianeta ti trovi a districarti con questi marchingegni, come se null'altro avessero da pensare coloro che sono preposti, democraticamente o meno, alla gestione delle singole nazioni e anche degli aggregati di nazioni, e fanno a gara nel convincere l'universo mondo che sono gli unici ad aver compreso come vanno le cose della vita, ma soprattutto come bisogna fare per complicarle. E occorre dire che in ciò sono proprio imbattibili, soprattutto quando si mettono insieme e iniziano a sproloquiare in tutte le lingue conosciute. Qualche volta anche fingendo di conoscerle.

A scanso di equivoci, occorre riconoscere che il derivato delle tasse e delle imposte (cioè i quattrini incassati dallo Stato o dagli organi cui è conferito per legge il potere di farlo) è indispensabile per il buon funzionamento della società, ma ciò che bisogna specificare è sapere quanti quattrini lo Stato abbia necessità di incassare e, soprattutto, se le cose che fa o le spese che affronta sono necessarie e indispensabili, perché su questo occorre estrema chiarezza ed onestà di comportamento. Lo Stato dovrebbe (a mio parere, "deve") comportarsi come qualsiasi famiglia - presa a mo' di esempio come la struttura di base della società - si comporta nella gestione dei propri averi, e cioè con estrema oculatezza e sapienza, dando la preminenza a talune spese piuttosto che ad altre, rinviando o addirittura eliminando quelle per le quali sa di non potervi far fronte. Ciò avviene in forma per lo più democratica, con l'accordo di tutti i membri della famiglia, ma non è escluso il caso in cui il padre- padrone faccia la parte del leone e la bella vita lasciando gli altri nella miseria più assoluta.

Una cosa la famiglia che vive di redditi da lavoro non può fare: stabilire "a priori" i bisogni da soddisfare, perché poi non ha il potere di determinare le entrate adeguate. Chi fa così è destinato al fallimento, anche morale, della propria esistenza, e spesso va a finire che ci rimette pure la vita. Da solo o per mani altrui. Al contrario, lo Stato ha il potere di fissare gli obiettivi di spesa e di adeguare le entrate in modo coercitivo, agendo sul fronte delle tasse e delle imposte.

In questo mio lavoretto da scrittorucolo non è, per ora, il caso di entrare nel merito "quantitativo" delle spese e delle entrate, presupponendo in via teorica che lo Stato agisca nella sostanza e nella forma in modo del tutto virtuoso. Qui voglio invece procedere nell'esatta distinzione tra ciò che chiamiamo "tassa" e ciò che invece è "imposta", perché nella distinzione fra le due cose credo che stia anche il principio di giustizia ed equità degli oneri che vengono sostenuti dai cittadini per il funzionamento della società.

Cominciamo dall'imposta. Il concetto si presenta da solo, altro non essendo che un derivato del verbo "imporre", e cioè obbligare qualcuno a un determinato comportamento, nel nostro caso l'obbligo che per legge lo Stato impone ai cittadini di pagare una determinata o determinabile somma proprio perché cittadini, ossia, in quanto tali, destinatari di attività che lo Stato o altri Enti sono tenuti a svolgere nell'interesse e nella tutela generale della collettività, in modo tale da consentire al singolo individuo, all'occorrenza, di avvalersi dei mezzi o delle organizzazioni a tal fine poste in essere. A mio modestissimo ma convinto parere, le attività degne di essere destinatarie di finanziamenti derivanti dalle imposte sono soltanto quelle che riguardano: la difesa della Patria, dentro e fuori i confini; l'educazione e l'istruzione dei giovani; l'amministrazione della Giustizia; l'organizzazione dei trasporti pubblici; il sistema sanitario nazionale; la tutela del patrimonio naturale e culturale; la tutela e il mantenimento dell'ordine interno.

Pur interessando nella stessa misura tutti i cittadini, allo stato attuale, secondo la costituzione vigente, le imposte debbono essere corrisposte in misura gradualmente crescente in base alla "ricchezza" posseduta dai singoli contribuenti; di conseguenza si può, anzi si deve, ammettere che alle primarie esigenze della società viene fatto fronte non secondo un principio di uguaglianza, bensì, come stabilito nella stessa Costituzione, con una crescente *graduale disuguaglianza* (il criterio di *progressività* delle imposte). Dice infatti la Costituzione che "Tutti sono tenuti a concorrere alle spese pubbliche in ragione della loro capacità contributiva. Il sistema tributario è informato a criteri di progressività." Il che vuol dire, praticamente, che se un cittadino possiede una ricchezza pari a cento euro e paga una imposta di dieci euro (il dieci per cento, ma solo a titolo di puro esempio), quello che di euro ne ha mille non può limitarsi a pagare il dieci per cento, e cioè cento euro, ma sarà per legge obbligato a pagarne, per esempio, duecento (cioè il venti per cento). E così via dicendo per ricchezze superiori fino ad annullare, o quasi, ogni forma di ricchezza superiore ad un certo importo. Il che, se socialmente rappresenta un tentativo di instaurare ex lege una fattispecie di uguaglianza, nella pratica si concretizza in una massiccia evasione dal pagamento dei tributi, ovviamente da parte di chi non è soggetto a quelle speciali norme che prevedono la sottrazione del tributo direttamente da parte di chi "fornisce" la ricchezza da tassare, e a questo regime speciale tutti sanno che in Italia sono soggetti soltanto i lavoratori dipendenti e i pensionati, ai quali è, per legge, di conseguenza, impedito, meglio dire vietato, di fare gli evasori.

Diversamente accade con le tasse. Alle tasse proprio non si può sfuggire, perché, non sembri un'assurdità, è proprio il cittadino a chiedere di pagarle. La tassa, infatti, si distingue dall'imposta proprio per non essere legata ad alcuna condizione di personale ricchezza, o reddito che dir si voglia, perché viene corrisposta nell'esclusivo interesse del cittadino quando lui stesso decide di utilizzare un qualche servizio per il quale è stabilito d'autorità il pagamento di un corrispettivo. In pratica, le imposte servono per una cosa, le tasse per altre. Qualche esempio elementare. La pubblica istruzione, cioè la scuola. Vive soprattutto di imposte, che servono in primo luogo per le retribuzioni dei docenti e per tutto il materiale integrativo dell'insegnamento, per la costruzione e il mantenimento degli edifici scolastici. Nulla a tal fine viene richiesto ai cittadini a titolo di tassa. Arriva però un bel giorno che alla scuola si chiede un servizio che va oltre l'attività di insegnamento e si colloca addirittura in un momento successivo. Lo studente chiede cioè di essere ammesso a sostenere un esame, e si rivolge alla scuola perché, da questa terminato il compito dell'insegnare, accerti e certifichi il livello di apprendimento raggiunto, e di conseguenza rilasci, se dovuto, il relativo diploma. In questo caso non si valuta se e quanto abbia ben lavorato l'insegnante, ma quanto lo studente sia stato in grado di apprendere e lo dimostri. Bene, questa ulteriore attività degli insegnanti è considerata come un servizio prestato dallo Stato, tanto è vero che non viene svolta a favore di chi non fa la domanda di ammissione, e come servizio si configura un di più rispetto all'insegnamento, che termina con la fine dell'anno scolastico. Gli esami non fanno parte dell'anno scolastico, pare strano ma è proprio così. Bene, al momento della domanda viene richiesto il pagamento della "tassa di ammissione"; in mancanza, la scuola non accerta la preparazione né rilascia alcuna documentazione al riguardo. Tassa uguale, dunque, a corrispettivo del servizio.

Desidero citare ancora un esempio ancora più calzante nell'individuare la tassa rispetto all'imposta. Le ferrovie dello Stato. Con l'imposta versata dai cittadini si fa fronte alle spese che servono ad impiantare una attività disponibile all'uso di tutti in quanto necessaria al ben vivere civile; si costruiscono le vie ferrate (i binari), ponti e gallerie, si elevano edifici più o meno importanti (le Stazioni), si acquistano treni e vagoni merci e passeggeri, si pagano i conducenti dei treni e tutte le altre persone addette al funzionamento del sistema (capi stazione, impiegati dell'amministrazione centrale e periferica, ecc.). Adesso arriva il punto della tassa: infatti, anche se tu cittadino sei quello che paga più imposte di tutti perché hai una ricchezza stratosferica, se vuoi che un treno ti porti da un luogo all'altro devi pagare il biglietto come tutti i comuni cittadini, e il costo del biglietto varia a seconda non dei tuoi averi ma della classe che scegli, della distanza del viaggio, e se vuoi viaggiare di giorno o di notte con una "cuccetta" per riposare, e se vuoi prendere un treno che si ferma ad ogni stazione o intendi imbarcarti in uno che fa tutta una tirata: insomma, anche se con tutta quella gran massa di imposta che hai pagato certamente parte è andata a contribuire alle spese generali del sistema ferroviario, il biglietto lo devi pagare lo stesso, perché stai chiedendo un "servizio" di trasporto, e lo stai chiedendo di tua volontà e per tua comodità, e il costo del biglietto rappresenta (meglio, *dovrebbe* rappresentare) il costo sostenuto per te da chi gestisce il trasporto (nell'esempio, le Ferrovie dello Stato): se nulla chiedi, nulla paghi, e i treni ti possono passare davanti, dietro, sotto e sopra senza che tu debba battere ciglio. Per tentare di essere più comprensibile, dirò che ormai questo tipo di pagamento ha un preciso nome anglosassone: *ticket*. Che vuol dire, appunto, biglietto. E che ce lo ritroviamo dappertutto: il ticket per le prestazioni del servizio sanitario, ad esempio. Chi non ha mai fatto una analisi del sangue, per dirla proprio da ultimi della strada? Con le tue imposte hai contribuito all'organizzazione del sistema sanitario, a pagare i medici degli ospedali e quelli di famiglia, gli infermieri e tutta la strumentazione necessaria alle varie strutture, con il ticket paghi soltanto (*dovresti* pagare soltanto) il corrispettivo di quel servizio che tu stai chiedendo in quel momento, ed è chiaro che lo paghi esclusivamente se il servizio lo richiedi, e la quantità di denaro che devi pagare varierà nel tempo secondo quanto nel tempo varierà il costo che sarà necessario per darti quel servizio. Diverso è il discorso sulla congruità del prezzo, ma questo è un discorso che necessita di approcci e ragionamenti diversi, che mi riprometto di fare più in là. Voglia permettendo.

Ticket, dunque, uguale a biglietto. E arrivati a questo punto si può affermare con assoluta evidenza che non esistono soltanto tasse pubbliche, ma anche tasse che impone il settore privato della vita. Il biglietto per il cinema, per esempio: è un ticket, che paghi tu e soltanto tu se vuoi andare a vedere quello spettacolo, e te lo fanno pagare in misura differenziata non in base a quanto sei ricco o povero, ma a seconda che tu voglia stare in platea o in galleria, se seduto in pizzo ad una volgare sedia di legno o stravaccato su una poltrona in similpelle. Toh, magari anche in pelle vera. O velluto. Secondo la spesa che sei disposto a sopportare. Ma se ti limiti a passare davanti alla sala cinematografica, e ti fermi anche a guardare i manifesti, non devi pagare nessun biglietto, nessuno (almeno alla stato attuale) te lo chiederà mai: la "maschera" in sala sarà invece inflessibile e ti caccerà forse a pedate se scoprirà che non hai il biglietto, perché non puoi pretendere di godere di un servizio (la proiezione del film) se non sei munito di quel ticket per avere quel servizio che tu e soltanto tu (insieme a tanti altri, ovviamente) hai chiesto. E così quando entri in una discoteca per ballare, non paghi il biglietto? Certo, che lo paghi! E lo paghi perché chi organizza l'ambaradam del ballo, e spesso purtroppo anche quello dello sballo, ti dà un servizio che cercavi e che hai trovato, e che magari potevi trovare di meglio anche da un'altra parte, ma quello hai scelto e quello devi pagare, se vuoi ballare o veder ballare! Certo, c'è anche chi entra in discoteca perché amico o parente di questo o di quello, e quindi non paga la "tassa"; ma ciò accade anche nel settore pubblico, i privilegiati e i furbi esistono dappertutto, ma mentre nel settore privato chi ci rimette è soltanto l'imprenditore che si è dato da fare per mettere su l'azienda, in quello pubblico ci rimette la collettività. Senza considerare che il privato il servizio che fa lo fa per un tornaconto, il suo profitto, e dunque può accettare una qualche remissione parziale, mentre nel pubblico ciò non solo è inammissibile ma addirittura la tassazione non dovrebbe arrecare alcun "guadagno", essendo semplicemente finalizzata alla sola copertura del costo del servizio, il che dovrebbe rendere più appetibile il servizio pubblico rispetto a quello privato, laddove sovrapponibile. Lo Stato, in parole povere, non ci dovrebbe "guadagnare", a meno che non stia gestendo un'impresa; e nemmeno ci dovrebbe perdere, come gli capita di fare quando per ragione di subdola giustizia sociale decide di ridurre, se non proprio di azzerarla, la tassa in presenza di redditi zero o insignificanti, risultanti da semplici dichiarazioni di responsabilità che quai mai si vanno ad accertare, con tutto ciò accollando l'onere per la copertura dei costi ad altri soggetti, se non proprio all'intera collettività. E così, come quasi sempre gli capita quando decide di fare il gestore di imprese, lo Stato va a finire in perdita per via dei furbi e dei privilegiati, o per una organizzazione elefantiaca rispetto alla natura del servizio che propone. Ma questo è un discorso che esula dalla chiarificazione fra tassa e imposta, e riguarda il comportamento morale degli individui che a qualsiasi livello si occupano della cosa pubblica.

Gli esempi che possono essere fatti sulle tasse "private" sono infiniti, perché riguardano tutti i settori di attività che condizionano la nostra esistenza. Il commercio, ad esempio. Quando vai dal negoziante e acquisti una merce (quale che sia: abiti, scarpe, frigoriferi, televisori, carote, prezzemolo, il pupazzo di Spiderman per il nipotino, e chi più ne ha più ne metta) cosa fai se non aderire ad una proposta di servizio che il venditore ti sta facendo? Ti dice, a tua richiesta: questa cosa costa tot, quest'altra tot più tot, su questa ancora c'è uno sconto. Il costo della cosa è il prezzo che tu pagherai, e corrisponde al costo del servizio che il venditore, attraverso una serie innumerevole di passaggi, ha fatto per te (portarti la merce dal punto in cui è stata prodotta fino al bancone di vendita), maggiorato di quel tanto che rappresenta il profitto che il venditore intende fare e farà fino a quando la richiesta del servizio ci sarà, ossia fino a quando tu e quelli come te sarete soddisfatti del prezzo che vi propone, in caso contrario ti rivolgerai ad altro venditore; ma il discorso sulla natura intrinseca della tassa non cambia: prestazione economica in cambio di un servizio richiesto. E sei totalmente libero di scegliere a chi chiedere il servizio, e tu senza saperlo stai condizionando non solo il mercato della vendita ma anche quello della produzione, perché hai anche la facoltà, secondo la tua ricchezza, di cambiare gusti e orientamenti, di far avanzare il mercato delle automobili o quello delle pellicce (rigorosamente sintetiche!), o più semplicemente di dare una mano all'incremento produttivo dell'agricoltura, al vino e al latte venduti in cartoni o in bottiglie di vetro con etichette di una bellezza che non ti dico. Secondo le tue scelte crescerà o arretrerà anche l'occupazione di quello specifico settore, e quindi vedi bene come il tuo comportamento da singolo, insieme a quello di tanti altri singoli, costituisca non uno, ma *il* perno essenziale per l'economia del tuo paese. Al privato paghi la tassa ma non te ne accorgi, e lui nemmeno si rende conto che gli stai pagando una tassa, non sta scritto in nessun testo di economia, nemmeno in quella di mercato. Ma questa è la verità. E c'è soltanto una cosa che vizia questo scambio (prestazione economica contro richiesta di servizio) fino al punto da renderlo quasi innaturale: l'applicazione sulla merce o servizio oggetto di scambio della cosiddetta *imposta sul valore aggiunto* (IVA), che appunto come imposta vorrebbe dire che quella cosa, strada facendo, dalla produzione alla vendita, non è più quella uscita dalla catena di montaggio o dal frantoio o dal campo di grano o da quello dei girasoli, ma cosa altra, molto ma molto di più valore, e che questo aumento di valore è stato di potenza (prepotenza?) *aggiunto* dallo Stato, senza che nulla esso abbia fatto, così, quasi a miracol mostrare, e quindi è (in)giusto (!) che tu lo ripaghi con quell'aggiuntina (IVA) che sarà incassata, e magari questa contribuirà a distorcere il mercato di certa merce a vantaggio di altra, e forse a modificare anche livelli di occupazione (e disoccupazione) per tutti quei cittadini impegnati nella produzione e nel commercio di certi beni.

Ritornando al pubblico, è evidente che il discorso sulle tasse potremmo portarlo all'infinito, perché non c'è attività pubblica che non rimpingui i bilanci attraverso la tassa, e secondo taluni studi pare che le tasse superino addirittura il centinaio: la carta bollata per i documenti, la tassa per la richiesta di una copia di sentenza, la tassa per l'ombra, la tassa per l'occupazione di suolo pubblico, la tassa per il cimitero, la tassa per il passo carrabile, la tassa per l'insegna commerciale: insomma, chi più ne ha più ne metta, e via di questo passo fino a perderci nei peggiori meandri burocratici. E non è da escludere che presto arrivi (e sono quasi sicuro che arriverà) la tassa sull'aria, quella respirata da ciascuno di noi, e sarà calcolata in relazione alla capacità polmonare dei singoli utenti, e allora sì che saranno guai per il sistema sanitario occupato a misurare e certificare, a fare i distinguo tra fumatori e non fumatori (perché qualcuno certamente avrà una colpa maggiore di altri), e gli intenditori della casta staranno lì a sproloquiare, in tutti i giornali e le reti televisive, se c'è qualcuno che dovrà essere esonerato o meno perché povero e magari nemmeno sa respirare bene perché analfabeta o quasi, e amenità di questo genere. Solo i morti non saranno tenuti a pagare la tassa. E poi, chissà: non è pur vero che da vivi hanno contribuito a inquinare l'atmosfera? Magari pagheranno la tassa "una tantum", al momento dell'addio, ma sicuro che la pagheranno, ci si potrebbe mettere la mano sul fuoco.

Qualche volta (a dir la verità, quasi sempre!) chi ha il potere chiama tassa anche quella che è una vera e propria imposta, ad esempio la recentissima Tari, la Tassa per la Raccolta dei Rifiuti urbani. Messa in maiuscolo sembra quasi più seria. Perché se è vero, come è rigorosamente vero, che la tassa rappresenta il corrispettivo di un servizio richiesto dal cittadino, è altrettanto vero che il servizio deve (*dovrebbe*) concretizzarsi nel portar via dalla sua dimora tutti i rifiuti prodotti, quali che questi siano, ed è ben chiaro che in questo servizio deve esserci una differenziazione di tassa, perché un conto è portar via fino alla distruzione quella che un tempo si chiamava semplicemente immondizia (l'attuale organico) e altra cosa è prelevare e trattare cose ingombranti o cose che non possono essere distrutte. Ciò che tuttavia non va proprio bene nell'attuale "tassazione" è il fatto che essa si *impone* (uso appositamente questo verbo) a chi non fa alcuna richiesta del servizio, ma semplicemente perché in quel Comune possiede un'abitazione e anche se nemmeno ci abita sempre, perché si dà per scontato che la casa produca comunque rifiuti, e ne produca in esatta relazione alla superficie della casa, al numero dei reali o presunti abitanti, come a dire che, ad esempio, due morigerati coniugi producono con certezza tanta di quella "monnezza" prodotta da due altri coniugi (o due altre persone qualsiasi) che sono incontinenti nel cibo e producono rifiuti come fossero proprietari e insieme clienti di un rinomato e affollato punto di ristorazione. Dunque si vede ben chiaramente che *non sussiste alcun giustificato rapporto tra la massa dei rifiuti prodotti e la somma richiesta a titolo di tassa.* Su questo argomento dei rifiuti si può passar sopra al fatto che non sembra prevista una specifica richiesta, perché si dà per scontato che in una comunità ben organizzata la richiesta del servizio, di questo servizio, è *in re,* come direbbero gli antichi romani, cioè nella natura stessa della cosa. Ma per rendere questa tassa veramente una tassa l'onere del pagamento dovrebbe essere perfettamente rispondente alla quantità di rifiuti generata dal cittadino contribuente, e ciò sarebbe possibile soltanto *pesando il rifiuto prodotto,* ma siccome ciò non è possibile farlo per l'economicità del servizio, che pure ha la sua rilevanza, si può ottenere il medesimo risultato attraverso la messa in vendita di appositi contenitori di prezzo diverso, variabile a seconda della quantità di prodotto che esso può contenere, e questa sì che sarebbe una tassa effettivamente rapportata al servizio richiesto/offerto. Basterebbero buste ecologiche di una certa consistenza, da porre in vendita direttamente dalla società che gestisce il servizio o da strutture commerciali disponibili, non diversamente da come il servizio postale fa utilizzando le tabaccherie per la vendita dei francobolli, che, guarda caso, rappresentano anch'essi una tassa che si paga per il servizio di trasporto e recapito della corrispondenza, e anch'essa di diverso importo secondo il peso del plico da consegnare e la distanza della località di recapito. Così come è adesso configurata, la Tari consiste invece in una imposta vera e propria, e meglio sarebbe dire inappropriata, che proprio perché tale la paghi anche se la tua casa, specialmente la seconda, se hai la fortuna (sic!) di averla, rimarrà vuota per chissà quanto tempo, perché nessuno può obbligarti di andare ad abitarla o di darla in locazione.

L'altra grande imposta mascherata da tassa è la cosiddetta TASI, cioè la Tassa sui Servizi Indivisibili. E mi piace parlarne qui anche immaginando che al momento della pubblicazione di questo lavoro potrebbe in parte non esserci più.

La Tasi rappresenta infatti una tra le ultime forme di pazzia che il potere ha inteso esercitare sui cittadini, perché non diretta a colpire tutti quanti, ma soltanto coloro che figurano come proprietari o occupanti a qualsiasi titolo di un immobile, tutti gli altri essendo esplicitamente esclusi, quando, per la connessione logica delle parole, è destinata a coprire i costi dei servizi indivisibili, cioè usufruibili da tutti quanti, come ad esempio il mantenimento delle strade e l'illuminazione pubblica, più tutte le altre diavolerie affidate ai regolamenti comunali. Che forse la coperture delle buche di una strada va a vantaggio soltanto dei proprietari di immobili, e non, piuttosto, di quelli che ci camminano sopra, a piedi o motorizzati, e magari sono proprio quelli che hanno procurato il danno? E perché tutta una serie di soggetti risultano esentati dal pagamento, come, per dirne soltanto una a titolo di esempio chiarificatore, gli edifici diplomatici, come se in questo caso non di esseri umani si trattasse quando quelli che ci abitano o ci lavorano camminano per la strada ma, che so, di ectoplasmi che nemmeno sfiorano l'asfalto e non sanno ovviamente che cosa sono le buche stradali? E cosa ci fanno allora i Comuni con il gettito dell'Irpef loro destinato? Serve solo per pagare le retribuzioni ai dipendenti o, tutto al più, per organizzare qualche punto giochi per bambini o incardinare una fontanella all'angolo della strada principale? Come per la Tari, anche per la Tasi non è prevista la richiesta del servizio, sottintesa come insita nella natura del servizio stesso, il cui costo non può che essere coperto da un tributo chiamato tassa. So perfettamente che è impossibile, o quasi, attribuire a ciascun utente la quota parte della spesa, e così stabilire un ticket: ma allora la si chiami per quello che è, e cioè una vera e propria imposta. E che come tale sia trattata, nella forma che si riterrà più opportuna. Ma che la paghino tutti. Che il fuggire a questa chiarezza di concetti serva a distogliere l'attenzione di tutti dal cumulo d'imposta (*pressione fiscale*) di un determinato paese, visto che il vizietto di cui sto parlando è un po' diffuso in tutto il pianeta? Considerato che è molto più facile riscuotere quattrini con le imposte, ecco che il ricorso alla tassa configurata come imposta è molto più redditizio e certo, in quanto corredato da un obbligo di pagamento e dalle relative sanzioni in caso di omissione. Ma allora non si vede il motivo per cui occorre mascherare e travisare le cose, se non quello che con ciò si evita di parlare di imposte e di evitare il linciaggio morale dei cittadini verso i propri governanti, che già di per sé ne hanno a non finire.

Ecco, basterebbe soltanto dire pane al pane e vino al vino. Ti ricordi dell'IMU? Bene, quella aveva il nome giusto, dove la "I" stava per imposta. E l'ICI, non significava appunto Imposta Comunale sugli Immobili? E non serviva forse a coprire le stesse spese attribuite alla Tasi? E le strade, non venivano forse ugualmente mantenute, e così anche illuminate, pure quando queste "tasse" non esistevano? La sensazione è che si voglia appunto ingarbugliare la situazione ricorrendo all'uso improprio delle parole e dei concetti, e così mettere a tacere il popolo bue nel timore che, a furia di parlarne, possa smascherare le magagne; insomma, costringere i poveri Renzi di manzoniana memoria a pensare che certa gente li meni per il naso con il loro *latinorum*. E che a chiamare magari tassa quella che è imposta si tenti in qualche modo di distogliere il pensiero dalla *pressione fiscale?*

Una delle tante virtù che hanno le persone perbene rispetto ai lestofanti è quella della sincerità. Perché dunque non chiamare le cose con il loro nome? Sarebbe anche bello! Guarda tu la tassa che si paga per il parcheggio delle automobili sulle strisce blu! Un ticket che più perfetto e adeguato non se ne trova. Vai con la tua automobile in centro (per esempio, non a caso, a Roma), vedi uno spazio libero al lungotevere, ti accorgi che ci sono le strisce blu, ti viene un grande sorriso perché sei sicuro di uscire da un bel guaio, ti accosti quasi con un impercettibile accenno di ringraziamento per chi ha avuto quella bella idea, e parcheggi facendo attenzione a non urtare le altre vetture, e prima di chiudere la tua automobile vai presso l'apposita colonnina e metti dentro la somma richiesta per il tempo che desideri. In quel momento fai una specifica richiesta di un servizio, che ti è stato messo a disposizione nel tempo e nel modo in cui ti occorre. Hai pagato una tassa, una vera e propria tassa. Mica la paga un altro, per te. E mica la paghi tu, per un altro. Rapporto perfetto tra dare e avere, anche se, volendo cavillare, ci sarebbe da chiedersi perché, in caso di ritardo, pur breve, dalla rimozione dell'auto dalle strisce blu, viene appioppata una contravvenzione non indifferente, che non è certo giustificata per il surplus del servizio che ti sei preso gratis, mentre, in caso contrario, se te ne vai cioè dopo pochi minuti avendo invece pagato per più tempo, nessuno ti risarcisce, e da quello stesso sito verrà invece ricavata una tassa più ricca, perché subito quel posto lasciato libero da te sarà occupato da altra vettura. La soluzione del problema ci sarebbe, e cioè ritirare un biglietto di ingresso, reinserirlo al temine del parcheggio che documenterà la somma da pagare in base all'intervallo di tempo trascorso. Obiezione: e chi mi dice che poi pagherai, e invece non te ne andrai alla chetichella? Certo, il problema del controllo. Che esiste dovunque e per qualsiasi servizio. E così resta più facile scaricare tutto sull'utente del servizio. Come per il ticket relativo ai bus. Chi paga? Prendi Roma. Sei mai salito su un bus romano? Per esempio, ma solo per esempio, per carità, quello che ti porta dalla stazione Termini fin nei pressi della Basilica di San Pietro, hai visto quanti passeggeri *obliterano* (ma c'era proprio bisogno di questa brutta parola per dire *convalidano)* il biglietto? Sì e no il dieci per cento. Gli altri fanno tutti i portoghesi. Italiani, comunitari ed extracomunitari. E Rom. E Sinti. Quasi tutti, insomma. Per non parlare dei borseggiatori, a grappoli. Tanto il rischio di incontrare il controllore non c'è, e se sta aspettando una qualche direttiva alla fermata di un bus si guarda bene dal salire se si accorge che la vettura è piena zeppa, e spesso non di persone raccomandabili. Eliminare, come è stato fatto, il bigliettaio all'ingresso della vettura è stato un affare? Ricordate il simpatico Fabrizi, avanti c'è posto? Non sarebbe proprio possibile una ripensata? Pentirsi di una cosa mal fatta non è un disonore. Anzi. Così si darebbe anche una buona mano, con l'incremento dei pagamenti, all'occupazione dei giovani, che a parole sembra stare a cuore di tutti quelli che di mestiere si sono messi a far politica. E una buona mano anche alla sicurezza dei passeggeri, che non di rado subiscono furti e noie fastidiosissime. E che forse pagherebbero più volentieri, quelli che già lo pagano, il biglietto per viaggiare.

Ma la più lapalissiana contraddizione tra tassa e imposta la si rinviene, teoricamente, quando di tanto in tanto qualcuno, anche di grande cultura economica e fiscale, ma di grandissimo interesse al vantaggio politico, prende a ventilare, quasi sottovoce, la possibilità di aumentare le tasse sui Buoni del Tesoro, cioè per meglio dire sugli interessi che i sottoscrittori percepiscono da questo tipo di investimento. Le proposte in tal senso sono state finora soltanto brezza nella tormenta, perché quasi a tutti appare chiaro che c'è un limite di decenza oltre il quale è sconsigliabile inoltrarsi.

Facciamo infatti un ragionamento semplice semplice, di quelli che comprendono sia le migliaia di cittadini che sottoscrivono i Buoni del Tesoro, sia quelli che vorrebbero farlo ma non hanno il becco di un quattrino. Innanzi tutto, a cosa servono i BOT? Risposta: a coprire il fabbisogno dello Stato quando con le entrate ordinarie fiscali non riesce a far fronte a tutti gli impegni (meglio, a tutte le spese) che ha nei confronti della comunità. In questo caso, cioè sempre, lo Stato si deve indebitare (al momento figura che ha un debito di ben oltre duemila miliardi di euro!) e chiede ai cittadini un prestito contro interessi, e finora ha sempre trovato sottoscrittori disponibili a prestare i soldi. Secondo te, non ti pare che sia il cittadino a prestare un *servizio* allo Stato, e che sia lo Stato, nel corrispondere gli interessi pattuiti, a pagare una *tassa ai cittadini?* E chi gli presterebbe più denaro, se dagli interessi pattuiti lo Stato volesse riprendere la fetta che dice lui? Se proprio vuol risparmiare su questa spesa lo Stato ha già un potere esclusivo: abbassare gli interessi al momento in cui emette i titoli del debito, e può farlo fino a quando la legge di mercato (la convenienza a sottoscrivere i Bot) glielo consentirà. E dunque si vede bene come questa idea peregrina, che ogni tanto affiora nei propositi degli economisti che fanno politica, sia del tutto fuori logica e fuori dei canoni che individuano tasse da una parte e imposte dall'altra. Eppure trova quasi sempre approvazione da parte di coloro che altro non pensano che a tassare, come se l'infierire su chi a qualsiasi titolo dispone di denaro sia cosa giusta e sacrosanta, l'unico punto di riferimento per una giustizia sociale mal intesa. In pratica, più un concetto ideologico che politico, ma che come tale troverebbe migliore e più efficace sistemazione in un contesto molto dissimile da quello previsto dalla Costituzione italiana.

2

Dicono che la nostra sia la Costituzione più bella del mondo. Lo dicono seriamente anche quelli che di solito ci fanno sorridere, addirittura allestendo spettacoli di primo piano. Può darsi che sia così. Anzi, nel rievocare i sacrifici che hanno portato alla sua affermazione (soprattutto per chi era presente al momento in cui sono stati sopportati) bisogna davvero dire che sia proprio così: la più bella del mondo. Ciò che però guasta il concetto di bellezza è che la maggior parte della Carta costituzionale, nella sua attuazione storica (che tutti sanno, anche di questi tempi, come sia suscettibile di cambiamenti) abbia dato luogo, nella pratica del vivere comune, a distorsioni che hanno invalidato le meraviglie dei principi generali la cui lettura, raffrontata alla realtà, da parte delle persone semplici suscita soltanto incredulità.

E mi rivolgo a te, amico mio virtuale, che dovresti sapere quanto la vera saggezza alberghi nelle persone davvero semplici, che non si mettono lì a menare il can per l'aia, e chiamano pane il pane e vino il vino. E prima di arrivare ad enunciare qualche idea che riguarda l'utopia che mi frulla per la mente, mi piacerebbe leggere insieme a te alcuni degli articoli che personalmente ritengo siano stati posti a base dell'intero sistema sociale.

Andiamo all'articolo primo della Costituzione, che recita: "L'Italia è una Repubblica democratica fondata sul lavoro." Già qui c'è scritto tutto, o quasi. Innanzitutto, che l'Italia si chiama Italia e non "Paese", come ormai si dice quasi sempre, comprese le primissime cariche dello Stato. E in questo nome ci sono secoli di storia, che vengono alla mente e al cuore con l'immediatezza che lo spirito impone. Dice anche, questo articolo, che l'Italia è una Repubblica "democratica", non una di quelle repubblichette che hanno conosciuto i nostri antenati, comprese le repubbliche marinare. Qui c'è qualche cosa di grande, ci sono i sacrifici di generazioni che hanno dovuto sopportare lutti e dolori dalle Alpi all'estrema punta della Sicilia e fin là, a Lampedusa, lutti e dolori che sono entrati di forza in tutte le famiglie, c'è il sangue versato da giovani e vecchi come mai prima accomunati da un'unica sorte. E, finalmente, c'è quell'aggettivo "democratica" che ci dovrebbe preservare da tutti i guai, oggi e per il futuro. Anche perché, subito dopo, sembrano essere stati messi i veri pilastri della Repubblica, precisando che essa è "fondata sul lavoro." E cosa questo significhi ha trovato nel tempo insigni cultori del diritto, dell'economia e della politica che si sono quasi accapigliati, ma non sembra che in pratica si sia arrivati ad un qualche accordo serio o definitivo.

Sembrerà una sciocchezza, ma io, mio caro amico, sono abituato a dare alle parole il primo significato che mi colpisce, e quasi sempre, nella vita, ci ho azzeccato. In questa circostanza, a proposito di "lavoro", sono però molto incerto, perché in giro non vedo come esso possa essere considerato basilare, meglio: fondamentale, per le sorti della Repubblica. Anzi, mi viene subito il sospetto che esso sia considerato soltanto come la mucca da mungere per gli affari pratici dello Stato. Ho detto lo Stato, non la Repubblica. Appositamente. Perché questa è incardinata nel mondo degli ideali, mentre quello è fatto da persone concrete in carne ed ossa che tutto fanno tranne tenere nel debito conto la *sacralità del lavoro*, sotto qualsiasi forma esso si presenti, comprese quelle che più sembrano appartenere ad inspiegabili lontananze, quella dell'imprenditoria, dell'arte e della cultura. E prima di inoltrarmi nella spinosa questione delle tasse e delle imposte che il lavoro è chiamato a sopportare, desidero porti il quesito su questa semplice domanda, affinché tu possa aiutarmi a superare la confusione che mi pare di avere nella testa.

Secondo te, questo primo articolo della Costituzione attribuisce al lavoro la natura di un diritto o di un dovere? Ti dico questo perché ad ogni piè sospinto, e soprattutto quando urgono problemi esistenziali legati alla mancanza di un reddito, e quindi di un lavoro, la prima cosa che le folle sembrano gridare, braccia e manifesti sollevati al cielo, è che esso sia appunto un diritto: il diritto al lavoro. Oh, che bello sarebbe se così fosse! Nascere come cittadini e subito essere inseriti nelle liste di coloro che aspettano la maggiore età per vedersi assegnare quel lavoro che gli spetta! È di tutta evidenza che le cose non stanno proprio così, altrimenti dalla promulgazione della Costituzione ad oggi non ci sarebbe stato nessun disoccupato, invece, come tu stesso ben sai, la disoccupazione è il primo malanno di cui soffre la società, prima ancora della pochezza dell'istruzione e della sanità, perché il non lavoro significa non reddito, e il non reddito significa non spesa, e la non spesa significa chiusura dei negozi, e la chiusura dei negozi vuol dire chiusura delle fabbriche che producono i beni da vendere, e la chiusura delle fabbriche significa aumento del numero dei disoccupati, e così via fino alle crisi più tremende che attraversano i popoli, incluso il venir meno dei valori morali su cui ogni società ha sempre posto le fondamenta della propria esistenza. E dunque, nel nostro caso, quando parliamo del lavoro connesso ad un qualche diritto non può che intendersi come libertà di scegliere il lavoro che si vuol fare, e che nessuno può impedirti di voler fare il muratore o l'ingegnere o il maestro elementare. Secondo i tuoi gusti. Secondo le tue capacità, se ne hai. Secondo il rispetto delle competenze. In fondo, è la stessa Costituzione a vedere nel lavoro, anziché un diritto, un vero e proprio dovere. Dice infatti esplicitamente il secondo comma dell'articolo 4: "Ogni cittadino ha il *dovere* di svolgere, secondo le proprie possibilità e la propria scelta, un'attività o una funzione che concorra al progresso materiale o spirituale della società." Al lavoro viene dunque assegnato un ruolo di eccezionale rilevanza sociale, e di conseguenza tutto ciò che attiene al lavoro non può che essere considerato come sacro, e in primo luogo il frutto che da esso deriva, la retribuzione o il reddito che dir si voglia, e questo non dovrebbero mai dimenticarlo coloro che per propria scelta, suffragata dal consenso dei cittadini, si prendono la briga di occuparsi della politica, e per politica intendono in prevalenza mostrare come si fa, uno meglio degli altri (meglio ancora: uno in contrapposizione agli altri), a spillar quattrini dalle tasche dei cittadini promettendo questo mondo e quell'altro, alla fine riducendosi non altro che a fare discorsi di bilanci, di deficit, di spending review, di obblighi comunitari, di tagli di qua e tagli di là, mai porgendo le mani a chiedere scusa e mostrare non dico un taglio, ma nemmeno il più piccolo graffio sul più piccolo delle loro dita. Mettere continue e inutili imposte sui redditi da lavoro vuol dire incidere, sì davvero, sul diritto al lavoro, e violarne la sostanziale sacralità, pur essa sostanzialmente riconosciuta dalla Costituzione quando afferma, all'articolo 36, che "Il lavoratore ha diritto ad una retribuzione proporzionata alla qualità e alla quantità del suo lavoro e in ogni caso sufficiente ad assicurare a sé e alla famiglia un'esistenza libera e dignitosa." Qui sì, che si tratta di diritti. Chi ha il lavoro, e perciò svolge un'attività utile all'intera società, ha proprio quei diritti riconosciuti dalla Costituzione.

Ci sarebbe da scrivere un intero trattato su questo articolo, sull'effettività dei suoi comandi, sui singoli concetti e sulle singole parole che sono state usate per esprimerli. Esistenza libera, che vuol dire *esistenza libera* se non poter disporre almeno di ciò che è proprio, di quello e di quanto è stato guadagnato col sudore della propria fronte? E poi, *esistenza dignitosa*? E come può essere riconosciuta se non attribuendo all'uomo e al nucleo che ha costruito intorno a sé la capacità di poter scegliere quel modo di vivere che gli consenta di stare almeno alla pari con i suoi simili, secondo i modi e i luoghi nel tempo? Alla fine della seconda guerra mondiale (ma anche prima!) era considerato più che dignitoso vestire gli abiti che erano appartenuti ai fratelli più grandi, talvolta anche agli stessi genitori o addirittura ad estranei meno poveri; oggi non sarebbe, *non può,* essere accettata quella miseria che nei tempi passati incombeva su tutto e su tutti, e quando i miseri dei nostri tempi (e non c'è bisogno che te ne faccia un elenco) battono alle porte è con angoscia che siamo costretti a riconoscere il fallimento di ogni progetto sociale, anche il più illuminato.

Ecco che mi sto pian piano avvicinando ad illustrare quella che anche per me rappresenta un'utopia, nel senso di configurare una società che tenga conto, nel suo organizzarsi, che esistono valori e dignità di vita che nessuno può arrogarsi il diritto di rappresentare, neppure quando la delega alla rappresentanza è conferita da quell'entità prima e suprema che, nel nostro ordinamento costituzionale, è individuata nel popolo. Nel popolo sovrano. Nel popolo, dunque, che è Re. Che comanda. Che ordina che gli altri facciano. E che questi altri ne rispondano. Ma quando una democrazia (letteralmente, potere del popolo) si va a perdere in una minuzia di figure rappresentative a tutti i livelli, rischia di perdere il cordone ombelicale che ne giustifica l'esistenza. Le minutaglie del potere vanno lasciate alla burocrazia, ma a quella buona, quella disciplinata da competenze, da conoscenze, da responsabilità, da subordinazione alle direttive impartite, e non a quella burocrazia supponente e arrogante che crede lei di essere titolare di particolari poteri sul popolo, quello minuto, quando singolarmente, per le necessità della vita organizzata, ha bisogno di accedere ai servizi che lo Stato è tenuto a mettere a disposizione, quali che siano questi servizi, di competenze nazionali o locali, fino all'estremo lembo del servizio prestato da un collaboratore ecologico.

Nel dare uno sguardo a quanti poteri esistono in Italia (ma anche nelle altre nazioni, certamente) si resta sgomenti a constatare quanto la democrazia sia diffusa, il che dovrebbe confortarci nei nostri sogni, e soprattutto quando le cose "vanno male" dovrebbe rassicurarci che prima o poi andranno bene, che qualcuno, uno solo o pochi o tanti, saprà ben rappresentare la volontà del comandante. Cioè del popolo. Perché se non è comandante, se cioè non conta niente, è inutile che stia lì a delegare, a votare, ad uscire sulle vie o a gridare nelle piazze quando non c'è altro modo di farsi sentire. Non è popolo, e basta. È una somma di individui che non sanno nemmeno perché stanno insieme, e perché uno dice una cosa e l'altro la cosa esattamente opposta, pronti a dilaniarsi quando il fuoco arriva a lambire la casa e i pompieri non si sa dove siano e nemmeno se ci siano, e se quando per caso arriveranno troveranno ancora di che salvare con la freschezza e l'abbondanza dei loro getti d'acqua.

Sebbene la nostra sia una democrazia indiretta, giacché il popolo esercita la propria sovranità "nelle forme e nei limiti della Costituzione", si troverà sempre qualcuno disposto ad affermare che, di conseguenza, tutte le storture e le brutture che si sono via via formate e consolidate nella vita sociale non possono che essere attribuite alla responsabilità del popolo. È vero. Ma c'è stato un sottile e diabolico lavorare di sotterfugio per stordire ed istupidire la massa chiamata popolo, facendogli credere che le cose stavano veramente così, che era lui a comandare. E così credendo di essere, nei momenti più difficili della vita sociale il popolo è andato anche a gridare nelle piazze, a far intendere, anche con l'alzare della voce, che lui era veramente il padrone, e ad urlare, ad esempio, che "il terrorismo non passerà". Il terrorismo passò. Come, dove e quando volle. Proprio perché era terrorismo. E finì quando volle lui. Quando ai terroristi fu più utile che finisse. Entrando nei meandri del potere. Nelle pagine, scritte o figurate, della comunicazione. Nelle aule magne delle università.

Non basterebbe una intera enciclopedia per mettere in fila tutte le cose che sono state inventate per l'adulazione del popolo, a finire con l'interminabile fiaba della riforma elettorale, come se al cittadino interessasse davvero il sistema "tecnico" con il quale chi si propone di rappresentarlo debba essere inserito nelle liste elettorali, giacché non esiste tecnica quando manca lo spirito di servizio: perché ciò che veramente conta è che l'eletto rappresenta non il solo suo elettore ma l'intera Nazione, come afferma la Costituzione. Qui si concretizza, in fondo, la sovranità del popolo, nel fatto che l'eletto debba rispondere a tutto il popolo, e non soltanto alla squadra o alla camarilla che l'ha candidato, e che quindi esso deputato debba sentirsi libero di esprimere la propria opinione e comportarsi secondo coscienza. Ma sempre. E non soltanto quando conviene a pseudo poteri che fanno e disfanno tutto ciò che è possibile fare e disfare. Questo è illecito. Questo è anticostituzionale. Questo è offensivo per l'intelligenza e la rettitudine del singolo deputato. Per l'onore del Re, il popolo sovrano. Che di tutto lo fanno credere sovrano, tranne in ciò che davvero interessa al popolo.

3

Hanno detto al popolo (la stessa Costituzione, art. 71, comma 2°) che può esercitare lui stesso, in persona, il potere di iniziativa delle leggi, e tu non puoi nemmeno credere quanto tutto ciò sembri genuinamente democratico: basta che un numero molto esiguo di cittadini, appena cinquantamila elettori (un nulla, rispetto alla totalità), presenti una proposta di legge, redatta in articoli (roba da intellettuali, mica da ignoranti raccoglititicci), ed ecco che il Parlamento si trova impegnato a discuterla come se si trattasse di una proposta presentata da un deputato, o da un senatore, o addirittura dal governo, con la concreta prospettiva che possa tramutarsi in legge e indossare alla fine il bel vestito della Gazzetta Ufficiale. Ti pare roba da niente? Tramutare l'aspirazione di una consapevole parte del popolo in un comando (perché questa è la legge) a tutto il resto della popolazione abituata, come pure dice un rispettabilissimo motto, ad "obbedir tacendo"?

Ma forse nella visione dei padri costituenti c'era già quel quid che individuava l'inutilità di ricorrere al popolo come legislatore diretto, perché ti sembrerà impossibile ma questa è la realtà, e che cioè le proposte di legge di iniziativa popolare sono state proprio pochissime, e quelle pochissime quasi mai sono state prese in considerazione dal Parlamento, che nemmeno le ha volute discutere in quanto tali, e, nelle pochissime volte in cui l'ha fatto (bastano le dita di una mano per contarle), l'ha fatto soltanto quando le ha accorpate ad iniziative parlamentari, così diluendo, anzi sciogliendolo del tutto, il genuino valore popolare. Ma come, avranno pensato gli onorevoli rappresentanti del popolo, come fa il popolo a non fidarsi di ciò che facciamo noi per sua delega? Come fa a ritenersi al di sopra di ciò che da noi è stato deliberato nel suo stesso interesse? Non sapeva, quando ci ha eletti, che eravamo consapevoli dei suoi bisogni e delle sue aspettative? No, ti verrebbe da dire, il popolo proprio non lo sapeva, ma non aveva altro modo che eleggere qualcuno da mandare là, nei luoghi del potere, con la semplice speranza che almeno uno potesse alzare la voce nell'interesse, se non del popolo intero, almeno di quella parte più laboriosa che non ha mai avuto santi in paradiso. I lavoratori. I lavoratori dipendenti e non. Ma soprattutto i primi, quelli che *obtorto collo* pagano imposte senza fiatare, quelli che hanno il cosiddetto "sostituto di imposta" che sta lì a togliere seduta stante, nel momento in cui gli fa il conto del salario o della retribuzione che dir si voglia, quella parte di reddito stabilita dalla legge per le superiori esigenze dello Stato, e che miglior impiego ed utilità potrebbe conseguire se lasciata *tutta* nelle mani dei legittimi proprietari. Che spesso fanno la fame. Che difficilmente, come dicono in tanti ben informati, riescono ad arrivare alla fine del mese. Tu mi dirai: e perché non si ribellano? Perché non si mettono insieme quei cinquantamila elettori e presentano una bella proposta di legge? Ti rispondo allora che sei un ingenuo, perché come fai a credere, dopo quello che ti ho raccontato, che una proposta in materia possa essere presa in considerazione dal Parlamento? Tu mi potrai rispondere, giacché sei andato a sbirciare in qualche articolo della Costituzione, che il popolo ha anche diritto al *referendum abrogativo,* e dunque se non si è mai dato da fare per abrogare le leggi che lo costringono alla umiliante condizione di lasciare che altri mettano le mani nella sua tasca, se è stato così sciocco, perché lamentarsene? Sì, qualche volta il referendum abrogativo da parte del popolo è riuscito, come ad esempio quando non ne ha voluto sapere di confermare una legge che riguardava una delle recenti riforme elettorali. Poi, in altra veste, è ritornata a *"cicciare",* come direbbe il popolino. Così come per il finanziamento ai partiti. Tutte cose di poco conto, a ben guardare, tutte cose alle quali il potere ha saputo fare fronte in altro modo, con disinvoltura. Con *nonchalance,* direbbero i raffinati nel linguaggio. Non si rinuncia al potere del danaro. Mai. Non si può rinunciare, perché è la *sua* ragione di vita, la ragione di chi in qualsivoglia maniera è riuscito ad introdursi nei giochi della politica per la politica. Ma quando si tratta dei soldi degli altri, ah no!, lì bisogna fare la faccia severa, perché non si può permettere al popolo di decidere lui che fine debbano fare i suoi soldi. E così ecco che la stessa Costituzione mette un bel freno alla voglia di potere che può intaccare il senso di democrazia innato nel popolo, ed ecco che ci va giù di duro, molto duro, e dice (minaccia): "Non è ammesso il referendum per le leggi tributarie e di bilancio, di amnistia e di indulto, di autorizzazione a ratificare trattati internazionali." (art. 75, secondo comma). Hai capito bene, sì. In materia di imposte e tasse il popolo non conta nemmeno come il due di briscola, cioè niente di niente; anzi, non può nemmeno partecipare alla partita. Deve stare solo a guardare, ai margini del tavolo, e guai se gli viene il tic e involontariamente gli scappa di fare il minimo segno a quelli che gli sono più simpatici, alzare l'occhio al cielo o torcere la bocca. Deve solo aspettare che la partita finisca, stare lì con il fiato sospeso fino a quando i giocatori, vincitori e vinti, ma tutti sorridenti, si decideranno a mettere fine al gioco, a stringersi la mano, e magari prenderanno a guardare di traverso, come fossero degli intrusi, quelli che si sono lasciati indurre dalla curiosità di aspettare come andasse a finire la partita. Va a finire male, sempre, per il popolo. Perché non gli è consentito, come avrai ben letto, nemmeno di dire la sua in materia di giustizia, perché anche qui ci sono quelli che hanno abituato il popolo a farsi considerare al di sopra di tutto e di tutti, come esseri soprannaturali e onniscenti, come esseri la cui parola vale mille volte di più di quanto può valere la mia e la tua, mio giovane amico. Anzi, che non c'è proprio raffronto, essendo tu ed io un nulla e loro tutto (e qui stavo sul punto di riportare la frase che il Marchese del Grillo, tramite il personaggio di tal Gasperino, dal suo balcone rivolse al popolo sottostante; ma ne sono stato impedito da un provvidenziale istinto di autocensura). E che in materia di giustizia il popolo, quando va bene, può essere considerato soltanto come oggetto della loro attenzione. In che vuole contare, quest'amorfa massa di cittadini, quando addirittura lo Stato può allearsi, in loro nome, anche con uno Stato canaglia? Chi glielo potrebbe proibire? Deve stare zitto e basta, e al momento deve essere magari pronto anche a menare le mani in virtù di un trattato internazionale di cui molto spesso, anzi quasi sempre, è stato e viene tenuto all'oscuro. Che può sapere, il popolo, delle conferenze internazionali, dei pranzi e delle cene pantagrueliche, degli sgargianti tappeti sotto le scarpe, delle bandiere, dei falsi abbracci e dei baci a pieno sorriso, di quegli inchini e salamelecchi, di tutti quegli incontri dove si formano i destini dei popoli!

Nella vita delle generazioni può tuttavia capitare di tutto, magari anche che il popolo possa un giorno lontano pronunciarsi in materia di giustizia e di accordi internazionali. In materia tributaria, mai!| È troppo pericoloso, per chi è abituato a maneggiare il denaro degli altri con la superficialità e l'arroganza del potere. Eppure, quando la corda è troppo tesa, potrebbe accadere anche l'imprevedibile. Nella storia, è già accaduto. Ti ricordi la *tassa sul macinato*? Sì che te la ricordi, sta scritta su tutti i libri di storia. Quei poveri mugnai e contadini che dovevano stare molto attenti ai giri della mola perché il fisco stava lì con i suoi marchingegni a contare e pesare quanta granaglia s'era trasformata in farina e cose simili, e poi tassare, tassare e tassare, indifferente al fatto che poi i prodotti lavorati avrebbero subito aumenti tali da impoverire ancor di più le tasche dei già poveri, il povero minuto soprattutto, perché principalmente di pane era condannato a nutrirsi. E così ecco che il popolo si ribellò, si fece anche ammazzare nelle piazze, caddero pure i governi, sì. Ma siccome l'unità d'Italia era da poco realizzata non si poteva permettere che il popolo rischiasse di mandarla nuovamente all'aria. Così presto le cose ripresero l'andamento che era solito, il popolo a subire e il potere a punire. Allora come oggi. Hai avuto la fortuna che nonna ti abbia lasciato una casupola al paese di origine? È piccola e carina? E non ci vai quasi mai perché quel paese non sta proprio dietro la curva di casa tua e la benzina, nonostante il forte calo del petrolio, costa sempre di più? Se così stanno le cose, sei davvero degno di una esemplare punizione, ci devi pagare sopra le tasse, soltanto perché è tua, e nemmeno ci cavi il minimo reddito, e anzi ci devi pagare pure la Tari per farti portar via i rifiuti che non produci, e quei pochi che riuscirai a fare in qualche giornata di calura, e sei proprio dovuto fuggire dalla città, dovrai pagarli a caro prezzo, come non di rifiuti si trattasse ma di gioie, di quelle fatte a mano da maestri dell'oreficeria.

Si dirà che lo Stato ha bisogno di soldi, di tanti soldi, perché le cose di cui deve prendersi cura sono tante, da non potersi neanche elencare, e che spesso neppure sa quali siano queste cose, addirittura gli capita di non sapere nemmeno chi è che si occupa delle faccende in concreto. Perché lo Stato non ha le mani, non si mette a stendere il bitume sulle strade, non ha la patente di guida per i treni veloci, non sa come fare a bucare le montagne per farci passare i treni ad alta velocità; perché lo Stato, amico mio carissimo, appare sempre di più come entità astratta, che di tutto abbisogna per sopravvivere, e perciò è giocoforza che si avvalga quasi sempre del lavoro degli altri, che materialmente si danno da fare (appalti!) a concretizzare le idee che vengono in mente a quelli che comandano. Alcuni dicono alla cricca. Altri alla casta. Altri ad un mondo che non si vede, ma dicono che sia un mondo di mezzo. E quasi sempre le cose che gli appaltatori si impegnano a fare poi non le fanno, o le fanno con i tempi di Matusalemme, e quando riescono a finirle succede che presto, se non proprio subito, vanno in rovina, così il gioco ricomincia daccapo, le spese ingigantiscono e il danaro va a finire nelle capienti tasche di coloro che tutti dicono di voler combattere e decimare: mafia, camorra, 'ndrangheta, sacra corona unita e anche quella disunita, c'è posto per tutti nel mangia mangia alimentato dalle imposte che pagano i cittadini. Come sarebbe bello che lo Stato si limitasse a fare quello che può e sa fare, con quella sua bella antica e onesta burocrazia, e la smettesse di fare il mestiere che altri sanno fare direttamente meglio di lui. Privatizzare, sì. Privatizzare tutto ciò che è privatizzabile e trasformabile in servizi che il cittadino chiederà con il corrispettivo di un prezzo, che oggi chiamiamo tassa.

Dicono che ci sono sogni ad occhi aperti, e forse questo è uno di quelli. Ciò che invece sogno non è, anzi è la concretezza più evidente, è che lo Stato debba mettere mano alla riduzione delle imposte ormai insopportabilmente elevate, e, di conseguenza, alla riduzione delle spese. Di spese veramente inutili ce ne sono anche troppe, e non c'era bisogno di scomodare iper cervelli per arrivare alla lista di quella spending review, che già per l'esotico nome che si porta appresso mette in sospetto che neppure essa sia una cosa seria e definitiva: non bastava dire "revisione della spesa"? No che non bastava, perché il popolo avrebbe capito subito e non avrebbe dato troppo tempo alla casta per pensarci su. Come capita quando un temporale tributario si abbatte sulle famiglie. Lì le cose bisogna deciderle subito, non si può aspettare che qualcuno venga a bussare alla porta di casa e magari a mettere i sigilli del sequestro, bisogna subito darsi da fare, se occorre anche lasciare l'automobile nel box o parcheggiata lungo il marciapiedi sotto casa, il vestito che avevi adocchiato al negozio di abbigliamento e che ti piaceva tanto puoi metterlo nel libro dei sogni, almeno per qualche anno, la pizza napoletana ti dovrai accontentare di mangiare quella che in casa fa la nonna, e la sa fare meglio di quello che la vende a caro prezzo, le scarpe... beh, le scarpe ci sarà sempre qualche artigiano calzolaio in un angolo del centro storico, in breve ti riparerà quelle che hai comprato l'anno scorso, vuol dire che non saranno proprio alla moda ma insomma i piedi non te li bagnerai quando ci dovrai camminare sotto la pioggia; le uniche cose dove non puoi risparmiare sono quelle che dipendono dalla volontà altrui, vedi l'acqua, la luce, il gas, il condominio, l'affitto, le tasse scolastiche, il biglietto del bus e cose di questo genere, e poi le imposte: mica puoi metterti a ridurti da solo le imposte! Poi ti accorgi che dopo aver fatto tutte le economie possibili e pagato quanto ti viene richiesto dallo Stato o da chi per lui, ecco ti rendi conto che l'indebitamento dello Stato, anziché diminuire, è cresciuto, e che le cose che dovevano esser fatte anche con il tuo contributo saranno destinate ancora ad essere "in mente Dei". E allora, mi dirai, a che sono serviti i sacrifici? A nulla, proprio a nulla. Anzi, veramente proprio a nulla no. Sono serviti alla casta (permettimi di chiamare così questa entità concreta di birboni) per aggiustare le loro situazioni, tanto sono in pochi: a che pro accanirsi su una esigua quantità di onorevoli cittadini? Ma perché per primi non sono proprio loro, mi chiederai, a controllare la categoria delle spese e a individuare quelle che non si debbono fare? Ma non sono proprio loro che approvano le leggi di bilancio? Fino a prova contraria spetta ai deputati , in primis, il compito di fare le leggi, così come vuole il principio della separazione dei poteri e come comanda la stessa Costituzione, e invece pare che stiano lì a dare soltanto una sbirciatina, a guardare se per caso nel bilancio, al capitolo tot e tot , ci siano quegli stanziamenti che servono a mantenere prestigio e dignità nei confronti dei loro elettori. Il resto è fuffa. Il resto è il prepotere del potere esecutivo, che in primis dovrebbe occuparsi di *eseguire* ciò che il parlamento decide e non il contrario. Il Governo. Per questo ai chiama *potere esecutivo.* Ma dove ti sembra che effettivamente risieda il potere in Italia? Nel Governo. Lui propone i disegni di legge e lui li fa approvare, basta che il Presidente del Consiglio dei Ministri si faccia due conti sul pallottoliere e si convinca di avere i numeri in parlamento. Capito, amico mio? Capito l'*inversione dei poteri*? E tutto questo finché al Parlamento resterà almeno la facoltà di concedere la fiducia o di sfiduciare il governo, e quasi sempre, fino ad oggi, per futili motivi, per ripicche di qualche gruppo parlamentare o per qualche passeggiata di un deputato da uno schieramento all'altro. Quasi mai per cose serie, per cose che riguardano il popolo concreto, quello che si sveglia la mattina e non sa come arriverà a guardare la sera. Se ci arriverà.

Poiché penso che avrai studiato bene la storia ti ricorderai di una delle prime fasi che hanno preceduto l'evolversi della Rivoluzione francese. Il Re e la Regina facevano tante di quelle spese pazze, mantenevano privilegi alla nobiltà e al clero, il popolo era allo stremo per i pesi fiscali, e mai che la Maestà si fosse presa la briga di presentare il bilancio del regno. Non era previsto, fino a quando gli eventi della storia non lo imposero. Tagli di teste, reali e rivoluzionarie, senza distinzione: perché quando le cose arrivano al colmo anche la ragionevolezza va a farsi friggere. Senza apprezzabili risultati per l'avvenire, tranne quelli derivanti dalla bizzarria e dalla focosità di un guerriero, che in nome anche della Rivoluzione si mise a conquistare tutto il mondo allora conquistabile e a inondarlo di leggi e di codici ancora oggi degni di essere ricordati.

Pensando al potere che ha il Parlamento viene da piangere quando lo vediamo intento a discutere soltanto i disegni di legge che presenta il governo, come lui non esistesse, o come non esistessero i singoli parlamentari, o come non esistessero i Presidenti delle assemblee parlamentari che hanno tra i primi compiti proprio quello di stilare l'ordine del giorno, di dare o meno la precedenza ai vari progetti da esaminare, compresi, ma è ovvio, è sacrosantemente ovvio, quelli dei singoli deputati e quelli di iniziativa popolare. Invece nulla. C'è da fare qualche legge che il popolo italiano ritiene indispensabile per il buon convivere dei cittadini? Bene, si aspetta l'iniziativa del governo, che la prenderà quando a lui converrà, quando a cose fatte si potrà fregiare di meriti non propri, e così rinforzare la speranza di tornare a governare quando i tempi lo consentiranno. Questo governo ha fatto questo. E poi ancora questo. E quest'altro ancora. Non come i governi di prima che non hanno mantenuto nessuna promessa. Ma i governi non debbono fare nessuna promessa. Dovrebbero stare lì per rendere esecutive le leggi che fanno i parlamentari: loro sì che hanno fatto promesse. Loro sì che non sono come quelli di prima. Il bello (meglio: il brutto e lo sconveniente) è il fatto che quelli che verranno dopo diranno di loro la stessa cosa . Non ti pare, amico mio, che quando uno, parlamentare o Sindaco, viene eletto in luogo del precedente incapace debba almeno fare un pochino meglio? No, è sempre la stessa solfa: non abbiamo denaro. Ma anche quello di prima diceva che non l'aveva. E tu sei "andato su" perché dicevi di essere più bravo di lui, e non te l'ha mica raccomandato il medico. Anzi, non soltanto più bravo, ma addirittura risolutore dei problemi. Ma se eri cosciente che non potevi, perché l'hai fatto? Perché hai ingannato il popolo? Lo sapevi che anche la pubblicità, cosa molto ma molto meno nobile del governare la gente, può essere ingannevole? E che spesse volte è costretta a risarcire il danno? E tu, tu che credevi di essere il politico più "in", quanto paghi per l'inganno che hai perpetrato a danno dei cittadini? Nulla, mi risponderai con sussiego. Non pago nulla, perché mai nessuno ha pagato nulla per la cattiva gestione della cosa pubblica e dello sperpero del denaro. Perché soltanto io dovrei essere condannato a pagare? E chi è che avrà il coraggio di accusarmi e, poi, di condannarmi?

È meglio per me che questa tiritera finisca qui. Non ho Santi in paradiso di cui fidarmi.

Quanto ai soldi, poi, tutti dicono di non averne. Ci sono le buche nelle strade? Non ci sono soldi per ripararle, e le imprese addette alla riparazione i soldi li vogliono. E siccome i

cittadini non possono rischiare di cadere dentro le buche, magari s'inventa la nuova tassa (Tasi) e tutto va a posto. A posto?
Manco per niente. Le buche restano tutte lì, i marciapiedi non
ci puoi far camminare nemmeno il gatto di casa perché lui è un
patito della pulizia e i topi non sopporta di vederli nemmeno
nei cartoni animati.

E allora, che fare? Una domanda che già qualcuno (uno
per tutti, Ignazio Silone) che aveva a cuore la dignità dei semplici si era posta. Ma questi semplici erano "cafoni", forse non
sapevano nemmeno scrivere, ma ora no, ora no: ora non è più
possibile abbassare sempre la testa quando lo Stato abbatte la
mannaia sui cittadini, perché dài oggi e dài domani c'è il rischio
che si confermi nell'idea che il popolo possa sopportare tutto,
perché in fondo tasse e imposte non è che galoppino tutti i giorni: se ne parla, sì, un giorno sì e l'altro pure, ma loro arrivano
piano piano, quasi dolcemente, e quando te ne accorgi sei bello
che fritto. E che cosa vuoi che ti importi se non sei neanche capace di accorgerti che ti mettono la tassa sulla tassa? Che, per
esempio, sulle bollette per l'energia ti fanno pagare l'IVA anche
sulle imposte che stanno già sul totale? E che l'Iva, forse,
avrebbero anche il coraggio di metterla pure sull'imposta per il
canone televisivo da pagare insieme all'energia elettrica?

4

Siamo alla frutta. La situazione finanziaria dell'Italia è tale che nel rincorrersi fra tasse e imposte non ci si capisce più nulla. Si utilizzano gli stessi termini per indicare cose di natura diversa. Si confondono le cose essenziali per la vita dello Stato con le minutaglie di tutti i giorni che possono essere affrontate con il semplice il buon senso. Si svuotano le tasche dei cittadini con tanta sicumera che pare addirittura offensivo chiedere il perché, e nulla lo Stato fa non dico per risolvere i problemi della gente, ma almeno per lasciarla sopravvivere in pace, giacché quando la sera va a dormire non sa cosa l'attende al risveglio. Allora bisogna incominciare a fare chiarezza, chiedere con forza ai responsabili della cosa pubblica di quanto veramente abbisogni lo Stato per le sue esigenze primarie, e pretendere che lo faccia come farebbe un buon padre di famiglia. Perché un buon padre di famiglia sta accorto a che non si facciano sprechi, visto che le sue entrate sono quelle che sono e non ha il potere di aumentarsele, e perciò nessuno deve permettersi un tenore di vita che fa sballare i conti, e magari alzare le spalle e pensare che tanto ci sono le "finanziarie" pronte a prestare denaro. No, così non va, non può andare. Per la famiglia come per lo Stato.

Tu prova, prova ad entrare in un ministero qualsiasi; gira, se te lo permettono (ma sì, tanto sono tutti in giro a far la spesa o a passeggiare sulla battigia!), gira per le scrivanie, e ti renderai conto dello spreco di cose apparentemente di poco conto: le penne, le matite, la carta per le stampanti e le fotocopie, le cartelle di plastica porta documenti. Se si potesse cominciare da queste semplici cose se ne vedrebbero delle belle. Ti potrebbero rispondere: ma se lo Stato non fosse prodigo con certe spese chiuderebbe buona parte delle imprese che forniscono il materiale, e lo Stato non può volere questo. È vero, lo Stato non può e non deve volere che le imprese chiudano e che la disoccupazione aumenti. Ma non deve essere lui a decidere. E chi, allora, di grazia? Ma il popolo, caro mio! Questo sovrano popolo che non conta più niente, e che conterà sempre di meno fino a quando non sarà lui l'assoluto padrone di tutte le proprie risorse, quando sarà lui a decidere come impiegare quella parte di reddito che adesso gli viene derubata con l'Irpef e con tutti gli altri ammennicoli. No, non pensare che io sia un disfattista, un pazzo che vuole togliere allo Stato le disponibilità occorrenti a pagare i soldati, i medici, gli infermieri, gli insegnanti di qualsiasi ordine, i conduttori dei treni, i magistrati, insomma tutto ciò che occorre per tenere in piedi quella che io continuo a chiamare la mia Patria. Ma proprio per questo, perché so che è sacrosanto il rapporto che deve intercorrere fra la Patria e i cittadini, come quello fra padre e figli, so anche che l'amore verso l'Italia non può essere confuso con la pura sottomissione verso chi si arroga il diritto di un potere assoluto. Nelle aule dove si amministra la Giustizia, proprio là sopra, sopra dove siedono i giudici popolari e i giudici veri, quelli di carriera, che meritatamente hanno vinto un difficile concorso e quindi lecitamente se ne stanno assisi tutti bardati con toghe e cordoni e tocchi sulla testa, ecco, proprio lassù fa bella mostra di sé una delle frasi che dovrebbero inorgoglire i popoli, e cioè "La legge è uguale per tutti". Forse sarà proprio così, nel senso che se tu, povero ragazzo, rubi una mela perché hai fame sarai punito nella stessa maniera in cui verrà punito un giovane benestante che ha voluto provare il brivido del furto, ma è stato così malaccorto da aver dato la sensazione che la mela volesse rubarla proprio con l'intento di rubarla. Stesso reato, stessa pena, senza distinzione di censo o di cultura, proprio perché la legge è uguale per tutti. Questo capita (meglio sarebbe dire può capitare) perché la legge, nello stabilire il comando, non ha fatto distinzione alcuna, e il divieto di rubare la mela vale nello stesso modo per tutti i *singoli* cittadini. Non così accade in materia tributaria, non perché la legge non sia uguale per tutti, bensì perché quando lo Stato ha stabilito che in base ad un certo reddito bisogna corrispondere una determinata imposta, pare che l'abbia fatto per settori, accollando a taluni cittadini pesi superiori rispetto ad altri, in pratica che abbia suddiviso i cittadini a gruppi, a grandissimi gruppi. Innanzitutto i lavoratori dipendenti e i pensionati, che pagano le imposte fino all'ultimo centesimo in base al reddito percepito, e le pagano anche perché non possono fare altrimenti, visto che l'imposta dovuta viene trattenuta dal datore di lavoro come *sostituto d'imposta*. E quindi non possono permettersi il vizio di diventare evasori fiscali, come invece può, ma non deve, permettersi qualsiasi altro cittadino che non abbia un sostituto d'imposta che provvede per lui. E questa è una prima non indifferente distinzione fra cittadini. L'altra, riguarda i momenti in cui il prelievo viene fatto, e quindi la periodicità del flusso di denaro che dal contribuente arriva nelle tasche del fisco. Perché si può tranquillamente dire che i lavoratori dipendenti e i pensionati pagano le imposte nel momento stesso in cui ricevono lo stipendio o la pensione, mentre tutti gli altri provvedono al pagamento in due sole rate: al momento dell'acconto e a quello del saldo, con la conseguenza, non esplicita, che *possono* comunque utilizzare quanto dovuto al fisco in una maniera che è esclusa per gli altri, ad esempio anche attraverso temporanei investimenti ad altri non consentiti, con la possibilità (ovviamente illecita) di diventare anche potenziali evasori fiscali. Chi veramente, in coscienza, può andare a controllare i redditi degli autonomi e dei professionisti? Chi può dire che quelli dichiarati con i modelli fiscali siano corrispondenti alla verità? Nessuno può metterci la mano sul fuoco. Ma così può accadere anche per quei lavoratori dipendenti che riescono a racimolare qualche euro con lavori diversi da quelli abituali, e perciò può capitare, e capita, che questi redditi sfuggano al fisco come quelli di qualsiasi altro evasore. Il lavoro nero esiste, eccome se esiste.

Di fronte ad un fisco troppo esoso, tutti possono avere la tentazione di evadere, e moltissimi, troppi, lo fanno sul serio, e poi hanno anche l'improntitudine di utilizzare i servizi dello Stato senza pagare il benché minimo tributo. Così no, non può proprio andare. Allora tu hai cominciato a capire perché con questo lavoretto voglio fare riferimento ad un'altra possibilità di tassazione, che chiamo *utopia,* perché sono ben certo che nemmeno il terrore di un disastro universale potrà spingere chi è al comando a fare tabula rasa di tutto il passato normativo e tentare una nuova via di fiscalizzazione dei redditi, anzi: della ricchezza, perché non può esistere giustizia sociale se a tutti i cittadini non è consentito di presentarsi sulla linea di partenza con la stessa probabilità di tassazione a parità di reddito, dato per certo un assioma che ritengo di estrema concretezza, e cioè che ogni reddito, di qualsiasi provenienza ed entità, trova la naturale collocazione finale nella spesa: in pratica, tutto il reddito subisce il destino di essere speso, compreso quello messo temporaneamente a risparmio o ad investimento. Perché così sono fatti gli uomini, non soltanto gli italiani, e danno un senso al denaro soltanto se pensano a quando lo spenderanno, e quando ne spendono parecchio gongolano di gioia nell'immaginare l'opinione che gli altri, magari i vicini di casa, si fanno di loro, e si sentono considerati potenti, furbi, gente che ci sa fare, insomma persone che bisogna tenere nella più alta considerazione. Si tratta di un vizio, di quel vizio legato al possesso del denaro, del vile denaro, del demoniaco denaro. E allora, se non è possibile darsi da fare per utilizzare le virtù degli uomini, che si cerchi almeno di approfittare dei vizi, e far cadere la mannaia della tassazione al momento in cui si va allegramente a fare la spesa. Certa spesa. Con la gradualità necessaria a salvaguardare quella per la sopravvivenza ma a non avere pietà per quella spesa che sottintende una ricchezza che viene alla luce proprio in quel momento. Non so se questo concetto può essere assimilato a quello della progressività indicato nella Costituzione, ma in un quadro *utopico* mi sembra che ci stia proprio bene assai. Che ne dici?

Pensa un attimo alla situazione attuale. La pressione fiscale è alle stelle. La gente fa fatica, ma proprio tanta fatica, a mantenere un minimo di decenza nel proprio tenore di vita, quando proprio a questo dovrebbe tendere lo sforzo dello Stato per assicurare quella esistenza "libera e dignitosa" di cui alla Costituzione. Non parliamo poi dei disoccupati, di quelli che il lavoro se lo sognano come i derelitti del deserto quando vedono gli effetti della fata morgana, e dei pensionati, di quei milioni di individui che sopravvivono male sia quando hanno racimolato un trattamento minimo, ma comunque coperto da una sottostante contribuzione, sia quando sono assistiti dalla carità dello Stato attraverso l'assegno sociale. E a costo di quali umiliazioni, quando con la mano tremante stanno lì a compilare difficili modelli per attestare che sono proprio alla fame!

Allora è tempo che bisogna trovare di necessità una via d'uscita, e che i veri cervelli dell'economia si mettano a pensare come tradurre in regole semplici quello che a prima vista potrebbe apparire anche un assurdo. Innanzitutto convincersi che nulla nella vita è irreversibile, che pure una montagna di regole e regolette potrebbe essere spianata per metterci in condizione di ricominciare daccapo.

Devi dirmi la verità, cosa trovi di strano nel fatto che qualsiasi essere umano desideri lavorare come sa e come vuole, e guadagnare tutto quello che ritiene di meritare? Io nulla, e penso neppure tu. Purché tutto sia fatto con l'osservanza di quelle regole che sono alla base della convivenza civile. Mi spiego, se uno vuol fare l'ingegnere o il medico o l'avvocato o qualsiasi altra professione voglia intraprendere, perché mettergli la *mordacchia* in anticipo minacciandolo che oltre un certo limite di guadagno dovrà dare tutto o quasi allo Stato? E di grazia, cosa ci farà lo Stato con tutta quella roba che gli verrà sottratta, tale che vada a ricompensare la perdita di denaro in favore di servizi utili alla collettività? Quello che lo Stato ci farà lo sappiamo un po' tutti, metterà da parte una bella fetta per la soddisfazione della *casta* e quel che resta lo darà in beneficenza politica, ossia per accaparrarsi il consenso di gruppi sociali di volta in volta individuati come suscettibili di apprezzare inaspettate regalie, quasi mai per attività dirette o indirette che possano ricreare e anche aumentare le risorse impiegate. È sotto gli occhi di tutti. E siccome quelle risorse sottratte agli onesti contribuenti non sembrano mai sufficienti, ecco che allora si ricorre al debito pubblico, si piazzano titoli a questo mondo e a quell'altro, tanto nel Pianeta c'è sempre qualcuno che crede nello Stellone d'Italia, e nel crederci sa come rifarsi con gli interessi.

Non intendo certamente parlare soltanto dei professionisti, cui ho accennato perché rappresentano simbolicamente la categoria di lavoratori che meglio o più fortunatamente riesce ad interpretare il ruolo di libertà garantito dalla Costituzione. Ci sono anche i lavoratori dipendenti, un mare di lavoratori dipendenti che a scadenze continue e ravvicinate forniscono l'erario del fabbisogno per mandare avanti la baracca. Lavoratori dipendenti che in buona parte guadagnano anche molto di più dei professionisti e dei lavoratori autonomi in genere. Bene, gli uni e gli altri, dipendenti e autonomi, non si possono permettere, allo stato attuale, di vivere in conformità ai guadagni che realizzano con il proprio lavoro.

Mi dicono di un tale, già pubblico dipendente, che vive con un discreto reddito da pensione, per la quale ha pagato quanto lo Stato gli ha chiesto per averla, e in un lontano giorno a lui, al lavoratore, hanno fatto giurare che avrebbe adempiuto ai propri doveri con rispetto della legge e dei regolamenti, e lo Stato, o chi per lui, gli ha consegnato un opuscolo in cui c'erano scritti tutti i suoi diritti, compresi quelli che sarebbero maturati al momento della cessazione dal lavoro. In pratica, Stato e lavoratore hanno sottoscritto un contratto con reciproca assunzione di impegni. Impegni, capito? I lavoratori li hanno rispettati tutti, ma lo Stato? Lo Stato no. Anzi, guarda con estrema antipatia quei lavoratori che sono riusciti ad essere collocati in pensione con la prestazione maturata nel rispetto di tutte le regole. Bene, caro mio, forse ti annoierò se come al mio solito salto da un concetto all'altro, ma l'ho detto nella premessa che sarei stato un po' strampalato, perché di professione non faccio lo scrittore di saggi, che ha l'obbligo di essere precisino precisino nelle parole e nei tempi in cui le usa. Io no. Questa cosa del pensionato odiato dallo Stato mi è venuta in mente perché lo Stato ha stuzzicato il mio interesse, e lo fa continuamente quando dice che il sistema previdenziale è in crisi, e chissà cosa accadrà nel futuro ai giovani di oggi, insomma afferma che la spesa per le pensioni è troppo alta, e dunque bisogna ridurla drasticamente. Cominciare da lì la spending review. Inesorabilmente tagliare, come e dove si vedrà, ma tagliare, tagliare. Allora mi sovviene che quelli che stanno al comando, governo e parlamento messi insieme, proprio non riescono a connettere nulla in materia di denaro. Perché la *spesa è una spesa,* la pensione no. È il rispetto di un sacrosanto patto tra lavoratore e sistema previdenziale cui il lavoratore ha reso onore con la corresponsione dei contributi richiesti. Vogliamo fare un esempio? Sei giovane e penso che tu abbia già una famiglia, ma non è questo che adesso importa. Ieri volevi andare al cinema con tua moglie. Poi ti sei accorto che siamo proprio alla fine del mese ed è una spesa che non ti potevi permettere. Sei rimasto a casa. Ci andrai la settimana prossima. O magari non ci andrai per niente. Ecco, andare al cinema è un semplice esempio di spesa che tu sei libero di fare o di non fare, come quella di procedere all'acquisto di qualsiasi altro bene ti possa venire in mente. Così davvero al cinema non ci vai, perché nel frattempo è arrivata la bolletta della luce e non ci sono santi che tengano, quella la devi proprio pagare, e fortuna che una persona previdente come te l'abbia già messa nel conto. Perché non puoi dire: non la pago! La *devi* pagare. Perché hai consumato tot kilowatt nel bimestre o trimestre che hai contrattato con l'azienda fornitrice. Contrattato, capisci? Come lo Stato ha contrattato con il lavoratore l'entità della pensione che questi sarebbe andato a riscuotere alla fine del lavoro. Mica può fare quello che gli pare, lo Stato. Ci sono fior di magistrati a ricordarglielo, anche se lui ha preso l'abitudine a fare lo gnorri. Anzi, proprio lo gnorri del tutto no, ha preferito semi-accontentare taluni e fare le spallucce sugli altri. Tanto, prima o poi dovranno morire, e chi si ricorderà di loro?

La pensione è il corrispettivo di un impegno solenne. Prova tu a non pagare la bolletta della luce. O del gas. Certo, che lo puoi fare. Ma in meno di un amen sarai al buio e al freddo. Come il Bambino Gesù nella stalla. Ma tu non sei il Bambino Gesù, e a riscaldarti non sarebbe sufficiente l'alito di un bue. Nemmeno se unito a quello dell'asino. Ed allora, se non si è certi di avere le carte in regola per mantenere gli impegni che lo Stato ha assunto nei confronti dei cittadini, perché ci si accanisce nel proporsi all'elettorato come i solutori di ogni panacea? Se non lo puoi fare basta, te ne stai a casa. Nessuno te lo ordina. Nemmeno la coscienza, quando credi di avere le capacità giuste e non le hai. Anche qui, un po' come gli effetti della fata morgana. Questa fata che appare sempre all'orizzonte ma non si sa bene che cosa sia e che cosa voglia. Come le riforme delle leggi elettorali. Credi tu che in ciò consista l'interesse dell'Italia? Manco per niente. Onorevoli e senatori stanno lì tra i loro banchi (ma più spesso fuori, lontani da occhi indiscreti) a sbirciare tra i vari emendamenti se c'è ancora la possibilità di essere rieletti, e, se si accorgono che certezza non c'è, eccoli pronti a predisporre anche il passo del tradimento, nella speranza di trovare accoglienza nella parte avversa, ma sempre rimanendo con un piede di qua e uno di là. Tutto è sempre possibile, non si sa mai. *Con buona pace del popolo sovrano.*

Tu dirai che davvero troppo spesso mi lascio trascinare da qualche pensiero un po' fuori ragionamento. È vero. Parlavamo di tasse. E di spesa. E che mi sembra più giusto, anzi ideale, e purtroppo del tutto utopistico, trasferire il sistema della imposizione fiscale tutto sui consumi. Cioè sulla spesa. Perché è in quel momento che è possibile conoscere concretamente il denaro che passa dal compratore al venditore. Lì si conosce la ricchezza posseduta. Lì si vede se uno è un povero bischero o un povero finto. Alla cassa del mercato. Specialmente le casse del mercato importante, quello dei beni di lusso e super lusso. Denaro in banconote, in moneta o denaro elettronico. Sempre denaro è. E tassarlo in quel momento appare la cosa più facile al mondo, perché come fai ad evadere, a dire che non hai neppure una lira (pardòn, un euro) dove attingere per gli acquisti? Poi questo sistema lo potrai chiamare come ti pare, sistema delle imposte o sistema delle tasse, non ha nessuna importanza.

Dicono dell'evasione. Dicono dei capitali all'estero. Li quantificano, anche. Pare che nel 2015 siano stati stimati capitali italiani all'estero per ben duecento miliardi, di cui centoquindici esportati in Svizzera nel 2012. E pare che questi siano dati veri, forniti dalla Banca d'Italia. Quindi si sa quanto è e dove sta il danaro. E anche di chi è, c'è da mettere la mano sul fuoco. Ma questo popolo sovrano, così mal rappresentato, nulla può fare se questa massa di denaro continuerà a rimanere là, e anche se tornasse indietro ci sarebbe sempre qualcuno pronto ad afferrarla e a farle prendere le strade che non dovrebbe. I caimani sanno fare troppo bene il proprio mestiere.

5

Il governo in carica nell'anno in cui sto scrivendo ha fatto una delle cose che, a guardarla bene bene, potrebbe rientrare fra quelle augurabili nella visione della mia utopia. Senza esserne richiesto, ha deciso, sua sponte, di regalare mensilmente ottanta euro ad una ben precisa classe di lavoratori dipendenti. E ha fatto questa cosa perché sembrava che avesse una certa quantità di miliardi a sua disposizione, e siccome i soldi che possiede il governo non possono derivare altro che dalle imposte versate dai cittadini, si è realizzato in minimissima parte quello che ho tentato di accennare in alcune delle mie pagine precedenti. Il governo, cioè, avrebbe restituito ai cittadini una parte di imposte affinché la utilizzassero di persona per alimentare i consumi (cioè, in parole povere, le spese) ed iniziare a dar vita ad un circuito virtuoso per la ripresa dello sviluppo economico e l'uscita dalla crisi. L'intento era lodevole ma, come dire, il risultato si è manifestato addirittura insignificante, perché quella fetta di lavoratori cui la somma è stata destinata era proprio quella che non avrebbe avuto nessuna *impellente necessità* di spendere. Si trattava, e si tratta, di quei lavoratori la cui soglia di reddito non è proprio alla fame, e quindi non ha desiderio di comprare più pasta più vino più vestiti, ma ha l'assillo di far fronte proprio a quelle spese inevitabili come le bollette dei servizi, e addirittura per onorare il pagamento di quanto dovuto come tassa per la casa, e quindi di far ritornare i soldi alla destinazione da cui sono partiti: al governo. Quando poi, credo nella maggior parte dei casi, quei signori cittadini non abbiano pensato di mettere i soldi da parte come risparmio da adoperare per le necessità future, e quindi di farli uscire fuori dal circuito spesa-ordinativi-sviluppo delle imprese-aumento dell'occupazione e tassazione dei nuovi redditi così creati. In questo caso, avrebbero sottratto dalla luce del sole quel tanto di denaro che tuttavia, nelle mani del potere, avrebbe sicuramente trovato un impiego molto meno redditizio se non proprio sconveniente. Basta leggere i giornali. Dare uno sguardo ai telegiornali. Una sbirciatina anche alle riviste messe a disposizione dal barbiere o dal medico curante.

L'idea, dicevo, poteva avere una sua validità. Ma, come tutte le idee, quando sono buone, vanno messe alla prova su scala ben più ampia e rassicurante. Ad evitare che il cittadino (o il lavoratore, che poi in questo caso è la stessa cosa) incameri il "malloppo" e se lo tenga stretto senza farlo vedere a nessuno, occorre che sia stimolato e rassicurato sul fatto che spendendolo farà una buona azione per la società, e ovviamente anche a se stesso. Altrimenti a prevalere sarà la paura, e la paura porta direttamente alla disfatta. Come nelle guerre. Se il soldato ha paura e non esce dal suo alloggiamento nelle trincee sarà l'altro soldato, quello della trincea opposta, a fare il salto e prenderlo a baionettate. L'immagine è un po' antica, ma una migliore, lì per lì, non mi è proprio venuta. E mi piace, anche. Piace pure a te, vero? A te che ridi quando magari ti capita davanti una vecchia fotografia, o meglio ancora una illustrazione della gloriosa Domenica del Corriere, dei nostri soldati alla prima guerra mondiale. Ma non erano poi tanto vecchi, loro. C'erano anche quelli del '99. Che alla fine della guerra avevano compiuto, i reduci, appena 19 anni. Ah, la Grande Guerra! L'ultima combattuta in nome e per conto di tutti gli italiani, e non di una sola parte. Perché sempre, al finire di una guerra, ci si chiede a che cosa sia valsa, e se proprio fosse stato necessario versare tutto quel giovane sangue. Per questo la nostra Costituzione ripudia la guerra.

Tu mi dirai che sono un furbone e che cerco l'attenzione del lettore andando a toccare i sentimenti migliori dell'uomo. Può darsi che questa sia l'impressione che deriva dall'uso delle mie parole. Però mi pare di averti già detto, fin dall'inizio, che davvero la mia esposizione sarebbe stata strampalata, e che avrei trattato l'argomento di Utopia non come uno scrittore di saggi, bensì come un narratore curioso e bambinesco, e che gli piace quando il discorso lo può portare nel campo dei sentimenti. Ognuno ha i vizi che ha. E le preferenze anche nello scegliere gli argomenti da trattare quando vuole comunicare con gli altri. E a me piace giocare con le parole, l'unico gioco innocente che ancora la mia età mi consente di affrontare. Ma le parole sono una cosa seria, rappresentano tutto ciò che ha pensato e scritto l'uomo fin da quando ha iniziato a dare valore ai segni. Quel segno è quel segno, e basta. Quella parola è quella parola, e basta. In un mondo onesto è così che vanno le cose, e giacché pare che oggi le cose non stiano proprio ben messe, è lecito dubitare anche delle parole. Soprattutto se sono promesse o discussioni politiche. Quante volte si ritorna sugli stessi concetti, si dice e si ridice tutto e il contrario di tutto, così va a finire che la gente, il popolo, non ci capisce più niente, e non riesce più a comprendere quale personalità politica possa apparire minimamente degna di essere messa alla prova. Con il voto, certamente. Ma è proprio questo che ormai è venuto a mancare, il minimo di un rapporto, anche se dubitativo, tra chi si propone a gestire le cose pubbliche e chi è chiamato ad esprimersi con un segno sulla scheda. Capita che la scheda non vogliano proprio andare nemmeno a ritirarla, liberi poi per non votare nessuno. Scheda bianca, cioè. Adesso il popolo non vuole nemmeno disturbarsi a prendere la scheda e metterla così com'è, senza aprirla, nell'urna. Non si fida più. Non si presenta nemmeno al seggio elettorale. L'astensionismo non l'ho inventato io. Mi limito a registrarlo nella mente, e cerco di comprenderne il perché, e la prima risposta che d'istinto mi viene è quella che il cittadino non sa più distinguere fra una persona dabbene e un vendifumo, si sono mischiati i "meriti" e, nella mischia, chi ci guadagna è quasi sempre la persona che non ha meriti né competenze. Meglio dunque starne alla larga, a non farsi nemmeno sfiorare dal sospetto di aver contribuito a creare una massa di comandanti incapaci. Eppure l'occasione di far bene c'è, e direi che forse è proprio un'occasione storica, da non lasciare sfuggire: quella di abbassare le tasse, genericamente intese come imposizione, e di trovare altre vie di finanziamento per tutte quelle attività ed iniziative che riguardano il buon vivere di una società civile. Pare che su queste linee generali ci sia un teorico accordo, perché nessuno vuol fare la parte del cattivo, nessuno dice apertamente le tasse ci sono, vanno bene, anzi sarebbe opportuno che aumentassero. No, tutti col sorriso sulle labbra. Si parla con gli imprenditori? Abbasseremo le tasse a chi intraprende, anzi daremo loro qualche soldo in più per aiutarli a crescere. Abbiamo di fronte a noi i disperati delle cosiddette partite Iva? Tranquilli, una soluzione anche per voi c'è. I proprietari di case? Via le tasse, sulla prima, seconda, terza e se necessario anche la quarta. Le ville? No, per carità, lì ci abitano i ladri e vanno trattati da ladri. I lavoratori dipendenti protestano? Ma non avete sentito parlare di flag tax? Tutti a pagare di meno, e magari la sera anche il ballo in piazza.

Ecco, le cose non stanno veramente così, perché appena tappato un buco ne verrebbe fuori uno più grande e nemmeno si sa dove. Non si può vivere alla giornata. Sperare che da qualche parte, magari anche in Europa, vengano fuori quattrini nel senso che ci verrà perdonato se faremo qualche debito in più. Invece bisogna annullarlo piano piano, questo debito. Dico piano piano perché è talmente elevato che per estinguerlo bisognerebbe d'un colpo tassare ogni cittadino italiano (compresi nascituri e moribondi) di circa quarantacinquemila euro, uno più uno meno. Una famiglia di quattro persone potrebbe comprarci un appartamento. Questo è il risultato del gioco del debito portato avanti fino ad ora. Per fare che cosa? Per arrivare ad un punto in cui per andare avanti, per migliorare le cose necessarie al buon vivere comune, dicono che occorre aggiungere altro debito. I soldati costano. Gli insegnanti pure. Gli impiegati dei ministeri anche. E non vogliamo considerare i medici degli ospedali? Non parliamo poi della magistratura, come faremmo altrimenti a sostenere l'assioma che "la legge è uguale per tutti"? Sta scritta là sopra, mica l'abbiamo inventata noi, io e te, mio sempre più incredulo amico. Senza pensare al "prestigio" che deve mantenere di fronte al mondo chi sta al posto di comando, qualsiasi persona essa sia. Vuoi mettere arrivare nei grandi consessi (e anche altrove) con un aeroplanino di quelli che pare siano fatti di carta? Eh no, ce ne vuole uno di quelli grandi così, e cosa vuoi che sia il sacrificio di un cittadino che forse per consentirti di acquistare quell'aeroplano magari ha dovuto rinunciare all'acquisto di uno dei biglietti delle varie lotterie, e chissà se non proprio quello che l'avrebbe tolto per sempre dalla miseria?

No, nemmeno il più provveduto buon padre di famiglia potrebbe arrivare a tanto, a sopprimere totalmente il debito proprio, figuriamoci quello di tutti, il nazionale. Allora bisognerà piano piano smetterla col fare debiti, se non altro non aumentarlo, e se possibile, ed è proprio possibile, diminuirlo! Come? Ma caspita, lo dicono tutti: governi e oppositori, lavoratori e sindacati, governo, Parlamento e tutte le Corti messe insieme: col mettere mano a quella revisione delle spese che pare nessuno più oggi voglia ricordare, perché appena se ne tocca una ecco che gli interessati saltano tutti su come una molla e comincia il quarantotto. Allora, sommessamente, mi chiedo se non debba essere proprio l'organismo costituzionale per eccellenza a dare l'esempio per primo, ed esattamente quell'organismo che, considerato nell'insieme, Camera dei Deputati e Senato della Repubblica, sta lì per fare proprio quello che deve fare in nome del popolo: legiferare. E allora che legiferi sul serio, si dia subito da fare per la "buona legge" per eccellenza, e tutti gliene sarebbero estremamente grati: la legge della sua riduzione di spesa, la legge della sua riduzione numerica.

Cominciamo dai numeri: mille rappresentanti del popolo, francamente, sembrano un po' troppi, soprattutto considerando che ogni qualvolta che c'è da fare qualche cosa di importante non è che si mettano lì a consultarlo, il popolo. Non passa nemmeno per l'anticamera del cervello. Anche perché i tempi non sono più quelli di una volta, il popolo adesso legge, ascolta radio e televisione, sa scambiare messaggi e opinioni con tutto quello che il mondo digitale offre, sa usare perfino whats app, è perfettamente al corrente di che cosa vanno discutendo i suoi rappresentanti, e sa ancor più perfettamente che parlano e discutono di cose che a lui, il popolo, non interessano gran che, per non dire nulla. Parlano dei loro affari, di come si dovranno collocare con un sistema o l'altro di elezione, e chi potrebbe essere il prossimo capo del governo, e le opposizioni che in tutto si oppongono tranne che a favore delle cose che potrebbero andare a vantaggio del popolo. E nel parlare, anche quando lo fanno sommessamente, questi mille rappresentanti fanno un baccano del diavolo, e vanno a dire le loro lamentazioni di qua e di là, a fare interviste coi giornali di comodo e anche con quelli che gli sparerebbero a vista, a mettersi il vestito della festa e presentarsi nei salotti televisivi per spararle più grosse che possono nei confronti degli avversari e, ormai sempre più spesso, anche di quelli che dovrebbero considerare amici. Insomma, uno spettacolo di cui davvero non se ne sente il bisogno. Allora chiedo anche a te, ma c'è proprio bisogno di tutti questi deputati e senatori? La butto là, una cinquantina non sarebbero sufficienti? Tra Camera e Senato, intendo, perché il Senato, secondo me, andrebbe non modificato ma semplicemente eliminato, visto che sarebbe comunque un doppione, quali che fossero i compiti affidati e il sistema di nomina dei senatori.

Dico che cinquanta rappresentanti del popolo sarebbero più che sufficienti. Anche perché è risaputo che la quantità non fa mai qualità. Guardiamo quello che accade oggi quando si tratta di votare una legge, e premesso che *di consueto* si tratta quasi sempre di un disegno di legge di iniziativa governativa. Il capo del governo, e i partiti interessati al sì o al no, fanno un conticino che potrebbe bastare il pallottoliere: io conto su tot voti derivanti dai *miei,* più ho la speranza di accalappiare qualcuno dell'opposizione, ma senza sapere né poter dire chi; in pratica, poiché quelli di un certo orientamento votano in blocco sì o no, tanto varrebbe che si mettessero d'accordo e nominassero una sola persona che vale per tutto il numero dei componenti. E così gli interessati al voto contrario: basterebbe uno solo per votare, giacché tutti gli altri, in barba alla Costituzione che vuole ciascun deputato come rappresentante di tutta la nazione, pensano a curare il loro orticello e dire sì o no a seconda delle proprie convenienze, che sono poi, allo stato attuale, le convenienze dei partiti o movimenti al governo o alla opposizione. Perché scomodare invece tanta gente? Perché mettersi lì a parlare e blaterare, facendo finta anche di conoscere il contenuto di quello che si dice, e magari, qualche rara volta, farlo con la complicità delle riprese televisive? Per puro esibizionismo, certo: perché sono finiti i tempi in cui l'oratoria accendeva l'animo dell'ascoltatore e qualche volta gli faceva anche cambiare idea. Adesso nessuno azzarda più a fare discorsi seri e assennati, che magari l'idea la farebbero cambiare anche a qualcuno della sua stessa parte politica. No, sembra che si vergognino. Che non abbiano idee proprie. E che se ne hanno qualcuna non si capisce bene da chi l'abbiano presa a prestito. E prontissimi a dire, la volta successiva, esattamente il contrario di quello che avevano detto prima. Senza contare libri penne e quaderni che rischiano di prendersi sulla faccia. Qualche volta anche cose di più sostanziose. Anche le parole. Quelle che più indecenti non possono essere, specialmente se dirette a chi si fa chiamare "onorevole". E così la maggior parte sta zitta. Deve soltanto spingere il pulsantino e votare come *mamma* desidera. Bene, a mio modesto parere pare assai strano e sconveniente che a comportarsi come automi debbano essere centinaia di rappresentanti del popolo, ma che nulla rappresentano in quel momento se non l'obbedienza esclusiva alla propria parte politica.

Qualche volta, ma molto raramente, i rappresentanti del popolo sono lasciati liberi dal Potere. Liberi di comportarsi secondo coscienza. Secondo coscienza, hai capito bene? Come se la coscienza non fosse già di per sé un connotato della libertà. Eppure non troppo tempo fa una illustre componente del governo in carica aveva pubblicamente affermato, di fronte ad una platea televisiva, che la questione delle unioni civili era roba di natura etica, e che quindi interessava trasversalmente maggioranza e minoranza parlamentare, e che dunque loro, il Governo, o meglio, i Partiti nel governo, lasciavano deputati e senatori liberi di votare secondo coscienza. Ma hai capito proprio bene, amico mio? Oltre all'allarmante "concessione" di una libertà di coscienza, è da ritenere, per converso, che in tutte che altre questioni che interessano il popolo i parlamentari questa libertà di coscienza non l'abbiano, o meglio che viene loro tassativamente vietata, pena l'espulsione dal partito con la minaccia di non essere più né candidati né candidabili per le legislazioni future. Con un bell'arrivederci al dettato costituzionale, che prevede la rappresentanza in nome di tutta la nazione. E con un bell'addio anche alla coerenza, visto poi come sono andate a finire le cose, e cioè che dalla libertà di coscienza si è finiti con l'andare a mettere la fiducia al governo. Come dire, tra il dire e il fare c'è di mezzo il mare, un mare infinito di contraddizioni e di bugie. E allora, se le cose stanno così, e stanno proprio così, a che servono tanti parlamentari? Basta un confortevole drappello, giusto per tranquillizzare chi sta al potere che non sarà mai tradito e potrà governare a piacimento. Non credi anche tu che anche su questo argomento del numero dei rappresentanti occorrerebbe fare una profonda spending review?

Amico mio, non ti conosco e non riesco a vedere l'espressione della tua faccia. Però me l'immagino, e dev'essere strana assai. E a ragione. Come per dire: ma cosa viene in mente a costui, di rifare il mondo daccapo? Il mondo no, mi vien

subito da rispondere, ma la zolletta di terra sulla quale cammi-
niamo sì. Rifare il mondo, poi! Dare qualche consiglio. Sogna-
re. Ipotizzare. Chissà che a qualcuno non venga in animo di
dire: e perché no? Perché è *utopia,* mi rispondo da solo. Eppure, nulla è più bello delle cose che chiamiamo col nome di utopia. Quanto ti piacerebbe stare sulle spiagge del Pacifico e go-
derti il sole in santa pace, e tornare a casa quando proprio lo
vuoi tu, senza che ci sia nessuno ad attenderti e magari anche a
rimproverarti. Sarebbe una cosa bella. Una cosa che tutti, uomini e donne, vorrebbero fare. Vecchi e giovani. Ma è utopia. È
cosa irraggiungibile, come si permette l'essere umano di aspira-
re a ciò che non appare possibile? Ma il Pacifico è lontano,
mentre l'Italia è qui. Ci basta questa cara, bella Italia a farci so-
gnare, a pensare che magari con un po' più di onestà da parte di
tutti si potrebbe davvero vivere in pace e in tranquillità. L'Italia
è bella, ce la invidia il mondo intero. I suoi paesaggi. La sua
storia. I borghi che solamente a guardarli da lontano i turisti
americani sgranano gli occhi per lo stupore e poi, magari, cor-
rono a comprarseli. Adesso anche i russi. Tanto noi lasciamo
fare. Le rovine di un castello, di un antico palazzo, che vuoi che
siano? Sassi, magari sassi pitturati da geni del pennello che non
se ne trovano più. Mah, il problema è sempre lì: non ci sono
soldi. Come se soldi, e tanti, non fossero proprio quei ruderi e
quelle case riemerse da fanghi e ceneri provvidenziali. Allora
conviene veramente pensare a quante cose si potrebbero fare se
fossimo capaci di grandi economie, se alle buone intenzioni di
rivedere la spesa pubblica poi seguissero i fatti. La spesa pubblica, purtroppo, è sempre quella che fanno gli altri. Gli sciupo-
ni vanno cercati altrove, lontano da me. E così non se ne fa
niente, non se ne farà mai niente fino a quando uno scossone di
quelli potenti, uno scoppio che nemmeno l'ultimo botto dei fuo-

chi artificiali, non costringeranno a mettere le mani, ma seriamente, a tutta la materia che riguarda il mantenimento della società, che i semplici cittadini dello Stato sono costretti a sopportare. Potrebbe essere anche già troppo tardi. E allora, perché non provare presto (vorrei azzardare a dire subito) e tentare nuove strade? La strada più logica, che tutti porrebbe su un piedistallo di uguaglianza, sarebbe quella della abolizione totale di tutte le imposte e tasse, così come sono configurate oggi.

Mi guardi sgranando tanto d'occhi, pensi che sia un tipo proprio strano assai, non è vero? Ti chiedi come farebbe lo Stato ad andare avanti nei suoi quotidiani impegni. Non è questo che stai pensando? Ma io non ho detto che si debbono togliere tasse e imposte, ho precisato che è l'attuale configurazione che non va, e bisogna soltanto trovare il sistema per cui l'approvvigionamento di soldi allo Stato sia fatto in modo diverso. E più equo. Meglio, totalmente equo. Ti dico subito, ma lo sai già da solo, che adesso lo Stato incassa le risorse finanziarie principalmente attraverso quel meccanismo che va sotto il nome di IRPEF (imposte sul reddito delle persone fisiche). Abbiamo visto come queste imposte da taluno le prende subito e tutte (attraverso i sostituti d'imposta), altre a cadenze prestabilite (acconto e saldo), altre ancora dovrebbe riceverle da chi non fa nemmeno la dichiarazione dei redditi perché è un evasore totale, e pare (anzi, è proprio così) che sia proprio una gran parte che non arriva mai nelle casse pubbliche. Poi ci sono tutte le imposte sulla casa. Una bella botta. E poi l'Iva, e poi eccetera eccetera. Mi dirai: e allora, quale è il problema? Se i soldi non bastano c'è sempre il modo di aumentare le imposte e metterle a carico di quelli che sicuramente le pagano. È stato sempre così, altrimenti come avrebbe fatto il debito pubblico a viaggiare così velocemente che nemmeno Italo o Freccia Rossa? E poi c'è sempre la possibilità di allargarlo, questo debito pubblico, si emettono buoni del tesoro e le cose si aggiustano. Solo che il debito pubblico lo debbono poi pagare tutti, soprattutto quelli che non hanno contribuito a crearlo. E sappiamo chi sono, non ti pare?

Allora vengo subito al nocciolo di quella che io chiamo "utopia".

6

Mario Rossi (sempre lui, negli esempi classici) guadagna per contratto di lavoro 30000 euro lordi all'anno, equivalenti a 2300 euro mensili per tredici mensilità. Mica male, no? Ragioniamoci un po' sopra. È soltanto lui a lavorare in casa. La moglie, anche perché il lavoro non lo trova, vuol fare la casalinga e curare i figli quando verranno, se verranno. Mario ha avuto anche l'accortezza, poco dopo il matrimonio, di dare una aggiustatina alle speranze future, e così si è comperato un appartamentino dove adesso lui e la sua signora vivono in tutta serenità. Mario è davvero un signore tranquillo, ma anche un bel tipetto che va su di giri quando alla fine del mese prende la "busta paga" e fa l'esame delle varie voci, e a quella voce là, sì proprio quella, non ci vuole stare. Inutile fare tanti giri di parole, ma "quella" voce riguarda l'importo dell'Irpef che il datore di lavoro, come sostituto di imposta, gli toglie dallo stipendio per versarlo allo Stato. Lui nemmeno può toccarla, quella ricchezza lì. Verboten. Non si sa mai, potrebbe nasconderla chissà dove e così danneggiare irrimediabilmente l'agenzia delle entrate. Ci resta proprio male perché lo "scippo" che gli viene fatto in busta paga sfiora i 570 euro al mese, così il suo reddito men-

sile scende ad un netto di 1737 euro che, tolte le ritenute previdenziali (*appena* 170 euro), si attesterebbe su un netto di 1567
euro. Se non ci fossero poi da togliere le imposte che vanno al
Comune, alla Regione, eccetera eccetera. L'unica trattenuta che
non lo preoccupa, anzi contribuisce a renderlo meno nervoso, è
quella previdenziale, perché così è consapevole di prepararsi un
futuro senza sorprese. Anche se qualche dubbio in materia comincia già ad averlo, perché a guardare ciò che è successo a
quelli prima di lui proprio tanto sereno non sta.

Come vive, il Mario? Sono certo che stavi per farmi
questa domanda. Anzi, come sopravvive? Paga il mutuo, ma
gliela può fare tranquillamente anche se la casa nel complesso
gli porta via proprio un bel po' di soldi, perché oltre al mutuo ci
devi mettere il condominio, la Tari e le bollette per le forniture
di acqua, gas ed elettricità, e tutte quelle piccole cose che al
momento sfuggono sempre. Insomma, tolto di qua e tolto di là,
dimentica questo e dimentica quello, alla fine il Mario può contare su un *bel* reddito netto di circa 700 euro. E con questa somma può sbizzarrirsi a scialare come meglio gli pare, può spendere addirittura 20 euro al giorno per mangiare lui e la sua signora, e gli restano anche cento euro al mese per l'uso della uti-
litaria, perché il bollo lo deve pagare, l'assicurazione pure, così
il carburante, e insomma qualche inghippo può sempre capitare
nella vita. Anche a chi è accorto come il Mario. Ed è anche fortunato, il Mario. Perché in giro per l'Italia non è che ce ne sono
così pochi ad avere meno di lui. E poi è fortunato perché di carattere non è uno che gli piace andare la sera al ristorante, magari non sempre, ma almeno una volta la settimana sì, che ci sarebbe di male? Suvvia, se avesse qualche soldino in più lo
strappo lo farebbe volentieri, e anche l'automobile andrebbe a
comprarla più spesso, non come adesso che la cambia, quando

va bene, al momento della rottamazione della vecchia. Dieci anni, o giù di lì.

Mi domandi se il Mario lo conosco. Certo, che lo conosco. Anche se non so nemmeno come è fatto il suo viso. Ma è il prototipo dell'italiano socialmente medio-basso, che una volta, con quella che teoricamente sarebbe la sua retribuzione, avrebbe potuto confondersi con la borghesia medio-bassa, che però adesso non c'è più. Sparita. Perché va a nascondersi dappertutto, anche con quelli che a sera, quando fa buio e nessuno li riconosce, vanno a gozzovigliare con la Charitas. Finché Charitas esisterà. E si nascondono proprio perché hanno paura di essere riconosciuti. Magari dai vecchi compagni di scuola che abitano ancora dalle loro parti e non avevano voglia di studiare, ma soltanto la passione di scambiare figurine dei calciatori prima dell'inizio delle lezioni; avevano, insomma, il pallino degli affari, così dopo il diploma avevano deciso di aprire la sede di un partito o, come ad esso lo chiamano in molti, di un negozio politico, dove la gente sarebbe andata per chiedere spiegazioni su tutte le cose che non riusciva a capire, e loro fingevano di ascoltare, prendevano appunti, impapocchiavano lì per lì qualche risposta e alla fine facevano prendere una bella tessera di partito. Avevano fatto anche carriera, quei compagni. Carriera politica. Prima consiglieri di circoscrizione, poi del Comune, e infine , per i loro meriti "organizzativi", erano riusciti ad entrare Là. Là dove la paga, anche al netto, travalicava vergognosamente quella "lorda" concordata tra il Mario e il suo datore di lavoro.

Il Mario e tutti quelli come lui sarebbero tuttavia ben contenti se, a fronte dei sacrifici che sono costretti a fare, uscendo da casa la mattina trovassero tutti i servizi a posto, i marciapiedi ben puliti, senza residuati animaleschi, i tronchi degli alberi ben piantati nel loro sito con le basi senza i cespugli originati dalla mancata cura, le buche rapidamente sparite dopo ogni segnalazione, sia quelle che si erano formate sul marciapiede sia quelle sulla strada, le strisce pedonali ben riconoscibili; e si accorgessero che l'immondizia gettata sui marciapiedi e intorno ai cassonetti da cittadini indegni, viene regolarmente raccolta e in qualsiasi modo portata via da chi di competenza; e si meravigliassero che buche, polvere e sassi generati da chi ha dovuto procedere a lavori inerenti condutture di gas, acqua, telefono e luce, vengono prontamente eliminate con il ripristino della situazione quo ante; e si meravigliassero di non dover fare più file estenuanti, nonostante l'informatica, presso tutti gli uffici pubblici per l'adempimento di atti che la legge sulle dichiarazioni sostitutive sembrava aver messo in soffitta; e che insomma tutti gli adempimenti spiccioli ma necessari della vita (scuola, ospedali, trasporti, ecc.) fossero diventati agevoli come deve essere in una società civile; bene, se si accorgessero che nella vita semplice dei cittadini tutto appare predisposto non dico per il raggiungimento della felicità ma almeno per un pochino di serenità, beh!, allora tutti costoro, il Mario e quelli come lui, se ne starebbero zitti e buoni in attesa di quei tempi migliori che ciascuno è anche tenuto a perseguire con le sue sole proprie forze.

Ecco, tutto questo sì che appare utopia. Ma ti sembra giusto che l'uomo sia libero di affrontare la vita soltanto quando vuole fare arte (e non sempre!), quando vuole dilettarsi in letteratura e filosofia, in musica, cinema e teatro, insomma in tutte quelle attività che riguardano lo spirito e l'intelligenza, e non possa permettersi di sperare in una migliore organizzazione della vita sociale, quella di tutti i giorni, e non possa osare anche di prospettare soluzioni spicciole che rendano la vita degna di essere vissuta più allegramente? E che se per caso si permettesse di farlo, cosa gli capiterebbe? Quello che un tempo non troppo remoto capitava ai poeti analfabeti, quelli che avevano l'anima grande come l'Universo e andavano per le piazzette dei borghi a declamare i loro versi, e subito dietro di loro una torma di ragazzacci a fare le corna, una fila di vecchi seduti sul muricciolo della piazza ad aprirsi in sorrisi beffardi; ma quelli, i poeti, niente, andavano avanti per la loro strada in mezzo a spintoni e sberleffi.

Che fare, allora? Ecco che ritorna la vecchia retorica domanda. Retorica, perché la risposta è pronta. Ci pensiamo noi, ci pensa la politica. *Ghe pens mi*!, direbbe adesso un celebre personaggio con tanto di baffi che questi problemi, da tempo, non li ha più. Ci pensiamo noi. I politici. I nuovi politici. Sì, perché noi abbiamo la capacità di aggiustare le cose.

Vedi, mio caro amico, non c'è politico, oggi, che non dica queste cose. Ne hai visto forse uno che parla bene del predecessore? In effetti, non avrebbe senso. Se quello ha fatto bene, perché l'altro ha chiesto di andare "su", al suo posto? Poi tutti si dimenticano delle promesse di cambiamento che hanno fatto, e così va avanti il mondo. Tra rimembranze e dimenticanze. Allora mi sono chiesto se fosse proprio impossibile proporre un'alternativa a questo sistema la cui pazzia può apparire anche simpatica se vista con gli occhi di chi ha un mucchio di soldi, ma proprio tanti. Perché ci sguazza dentro con allegria, e fa come lo squalo quando gira intorno alla vittima prima di azzannarla. Non pare anche a te che si diverta a farlo? Lo squalo. I pescecani . Così un tempo venivano chiamati quelli che in finanza si mangiavano i concorrenti più piccoli. Divoravano di tutto, senza pietà. Più o meno come accade oggi, dove al posto delle vittime ci stanno i borghesucci simili al Mario, che alla fine del mese debbono ringraziare tutti i santi del Paradiso se ancora stanno in piedi conservando quel minimo di orgoglio che fa di un uomo un uomo.

Allora ho utopicamente pensato che sarebbe giunta l'ora di metterci tutti sullo stesso piano. Almeno quello di partenza. Nel senso di essere liberi di determinare come e quando utilizzare le nostre ricchezze, ciascuno secondo le disponibilità che possiede, e di consentire allo Stato di entrare in possesso del denaro che gli serve per i suoi scopi nello stesso momento in cui il cittadino contribuente va a fare i suoi acquisti. Subito, ogni volta che il Mario fa una spesa. E più la spesa sarà elevata più il Mario dovrà corrispondere la propria parte a titolo di imposta. Così, semplicemente. In cambio, il Mario non dovrà più essere sottoposto obbligatoriamente al pagamento di alcun tributo sotto qualsivoglia forma e denominazione. Se la dovrà vedere da solo, lui e il suo reddito. E lo Stato avrà i soldi minuto per minuto, non più come avviene adesso, ogni mese per i lavoratori dipendenti e a scadenze molto diverse per tutti gli altri contribuenti. La soluzione tecnica c'è, ed è quella dell'uso esclusivo della moneta elettronica per qualsiasi forma di scambio, dall'acquisto del pane quotidiano a quello dell'ultima versione del marchio Ferrari, dalla attribuzione di qualsiasi forma di retribuzione ad ogni corresponsione per prestazioni professionali. Tutto. Basta soltanto trovare il congegno più adatto. E nell'era informatico-tecnologica che ci è data di vivere nessuno venga ad obiettare che la soluzione non c'è. C'è, e come. Basterebbe perfino che ognuno utilizzasse il proprio codice fiscale, arricchito da una qualche forma che coinvolga le impronte digitali, ed ecco una delle soluzioni possibili. Ma potrebbe essere usato qualsiasi altro dispositivo digitale, che so il telefonino, un tablet, lo stesso computer, o, in ultima analisi, una apposita carta creata e distribuita direttamente dallo Stato a tutti i cittadini, persone fisiche e persone giuridiche, e consegnata anche ad ogni individuo che legalmente abbia occasione di entrare nel territorio nazionale.

Questa innovazione tecnologica mi è venuta in mente proprio per contraddire le osservazioni che potrebbero essere formulate nei confronti delle necessità dello Stato: come fa a sostenere le spese e gli impegni presi se non ha la certezza di quanti soldi ha in cassa? Premesso, come ho accennato poco fa, che gli incassi dello Stato sarebbero contemporanei alla spesa dei cittadini, mi sai dire tu, amico mio che già mi stai guardando con tanti dubbi sulla mia salute mentale, come fanno quelli che in occasione delle maratone di Telethon, o di qualsiasi altra occasione di reperimento finanziario per finalità benefiche, versano danaro con una semplice telefonata o con un messaggino, senza di necessità essere costretti ad aprire il portafogli o andare in banca a prelevare quanto hanno in animo di donare? Il risultato delle offerte è immediato, lo vediamo tutti sul display che fa bella mostra negli spettacoli televisivi e che corre corre corre, le cifre vanno via una appresso all'altra con velocità sorprendente fino ad un applauso liberatorio quando si avverte di aver incassato somme che magari nemmeno si aspettavano. Farebbe molta differenza se quel danaro dovesse andare direttamente nelle casse dello Stato sotto forma di imposta indiretta? Indiretta per modo di dire, poi, perché ciascuno verserebbe esattamente la percentuale stabilita per quella forma di acquisto. Esattamente ed automaticamente.

La libertà dell'individuo è una di quelle grandi conquiste che difficilmente gli uomini sarebbero consapevolmente disposti a svendere. Eppure lo fanno, oggi, tutti i giorni. Prendiamo il cosiddetto redditometro. Lo strumento che consente allo

Stato, nella sua forma più deteriore, di controllare quanto spendi e come lo spendi, e per sapere se sei ricco o no, perché non ti devi permettere di chiedere il benché minimo contributo pubblico (esempio, per le rette d'asilo) se ti sei consentito di comprare un cavallo e di mantenerlo in un maneggio, e magari ci vai ogni morte di papa per portarci tuo figlio che proprio ne va matto quando lo accarezza e prova a cavalcarlo. Non importa se l'acquisto del cavallo ti è stato consigliato come pet therapy. Ce l'hai, e basta. O magari qualcuno ti ha suggerito di provare ad investire quei pochi soldi che sei riuscito a racimolare con grandi sacrifici e a metterli in qualche fondo di investimento, di quelli che non ti faranno mai diventare ricco ma salveranno le tue deboli risorse. Se un vento impetuoso ed imprevisto non te li porterà via in un amen.

Gli esempi di mancato esercizio della libertà individuale potrebbero continuare a lungo. Ma perché, ma perché, mi trovo a ripetere con forza, perché lo Stato è così curioso e vuol vedere cosa faccio io dei miei soldi? Al posto del "vedere" potrei tranquillamente usare il verbo "spiare", perché questa è la sensazione che il cittadino prova soltanto a sentir nominare fisco e agenzia delle entrate, ed è una sensazione che si avverte anche quando il cittadino contribuente ha fatto fino in fondo il proprio dovere. Anzi, soprattutto allora. Perché come in tutte le vicende della vita non c'è peggiore situazione psicologica di quella di sentirsi accusato ingiustamente. È toccato pure a Gesù Cristo, e sappiamo come è andata a finire. Il che vuol dire che queste sensazioni di ingiustizia li avvertono soltanto i poveri e gli innocenti. E allora, dico ancora, che fare? Fare quello che il buon senso richiede, e ciò che l'osservazione della società consente di scegliere.

Prendiamo ad esempio gli evasori fiscali. Quanti sono? Un mare, un oceano. Basterebbero le imposte dovute da questi signori per mettere a posto i conti pubblici. Ma questi signori sono furbi: acquistano ma non risulta da nessuna parte che hanno acquistato, incamerano soldi senza che vi sia una traccia che conduca ai loro affari, scambiano beni e servizi con la compiacenza di chi si dice loro amico, nascondono i loro affari addirittura ponendosi di fronte al fisco nella condizione di nullatenenti. Così riuscendo a lucrare anche il cosiddetto assegno sociale, previsto dallo Stato per i cittadini veramente nullatenenti. E magari si vantano pure di aver fatto i furbi. Prendi un idraulico, dico così a caso. O un professionista più blasonato. Ammetto francamente che non è bello generalizzare, ma il mio discorso vale per tutti i professionisti che proprio non vogliono essere considerati come tutti gli altri lavoratori. Ti faccio il lavoro, mi paghi tanto. Se non sei d'accordo sul prezzo, vai da un altro professionista. Il guaio è che vai a finire di ritrovarti in un vicolo cieco. Ti dicono: il lavoro viene a costare tanto (facciamo tremila euro per esempio?), ma se non mi chiedi la ricevuta non ti faccio pagare l'Iva e me ne dai soltanto duemila. Nella maggior parte dei casi il committente accetta di essere coinvolto, perché pur sapendo di avere diritto ad una qualche detrazione quando andrà a fare la dichiarazione dei redditi si fa un rapido ragionamento: se aderisco alla proposta di costui è come se il rimborso mi venisse fatto subito, e quindi ne trovo un vantaggio. Ma il vantaggio maggiore lo trova il professionista, che teoricamente incassa la stessa somma che incasserebbe dopo aver pagato l'Iva: la furbata consiste nel fatto che nessuno (al di fuori del professionista e del committente) sa di questa manfrina, tra le ricevute del professionista non ci sarà traccia di pagamento e lui non denuncerà al fisco questa entrata e, ovviamente, non ci pagherà le imposte. Lo Stato sarà l'unico a rimetterci. E la cosa non è che sia sconosciuta, nemmeno in alto in alto. Ma fino a quando lo Stato ha il coltello dalla parte del manico farà pagare il fio a tutti gli incolpevoli altri cittadini, magari aumentando l'Iva sui prodotti che non possono sfuggire alla imposizione.

Ho detto degli evasori fiscali. Ma non è che siano soltanto i liberi professionisti. O i commercianti ed artigiani, come dice qualche malalingua. Qualcuno ci mette dentro anche certe categorie di medici, i super chirurghi che nemmeno hai il coraggio di chiedere la fattura della parcella. Perché hai paura dell'eventualità di trovarteli sul tuo corpo con un bisturi in mano, e riconoscano che sei stato tu a fargli pagare un sacco di soldi come imposte. Perché ti vergogni. Ti vergogni per loro. Ti vergogni perché magari sei dovuto ricorrere ad una finanziaria per affrontare la spesa che ti è stata richiesta perentoriamente, e te la troverai sulla spalle chissà per quanti anni. Ci sono ovviamente anche i cittadini cosiddetti "onesti", che quando vanno a comperare un immobile pagano le imposte non sull'effettiva somma pattuita, bensì su quella dichiarata. Che ovviamente è sempre più contenuta. E qui di qualche cosa dovrebbero rendere conto i notai, che pure loro non scherzano quanto a parcelle. Poi ci sono gli evasori totali, ma proprio totali totali, nel senso che per lo Stato non esistono nemmeno, eppure vivono, mangiano, si vestono, vanno a teatro, comprano le pellicce alle mogli e viaggiano in automobili da super lusso.

Oh, si potesse fare un calcolo esatto di quanto lo Stato viene frodato da tutta una serie di individui che magari, a dispetto delle apparenze, non vorresti avere nemmeno per vicini di casa. E non c'è istituto di statistica in grado di fare certe valutazioni, ma il popolo lo sa, il popolo sente a pelle quanto deve tirare fuori di tasca sua per coprire le falle provocate dai furfanti. E le cose non possono fermarsi ad una semplice constatazione, e andare avanti così, perché tutti saranno pronti a dire che sempre il mondo è andato avanti così, i poveri cristi a pagare e tutti gli altri a fare la bella vita.

Ma vogliamo, amico mio che mi stai ad ascoltare con troppa benignità, vogliamo tentare di suggerire qualche soluzione concreta, come quella utopistica (sembra una contraddizione in termini, ma proprio non la è) che mi è venuta in mente? *Nessuno sia tenuto a pagare le imposte perché tutti le paghino concretamente.* Tutti. Nessuno escluso. Ricorrendo alle caratteristiche dei tempi che stiamo vivendo, sopra ogni cosa l'informatica e il mondo digitale. E qui debbo fare una sosta perché sto per entrare in un mondo che non mi appartiene, quello dei numeri, della statistica, delle esemplificazioni. Io che sempre ho pensato che mai mi sarei fatto prendere la mano da materie così aride, io che sempre mi sono dilettato in racconti, in romanzi, e che sempre mi sono lasciato trascinare piacevolmente nel descrivere le emozioni degli uomini, nel soffermarmi sui sentimenti della piccola gente. Poi mi rispondo e dico che, inconsapevolmente, è proprio alla gente semplice che, giunto ad una età non più troppo criticabile, ho creduto di essere utile nel parlare delle loro minuscole cose di tutti i giorni, come l'andare per mercati e tentare di sopravvivere con serenità in un mondo che sempre più volta la faccia dall'altra parte quando si trova di fronte al dolore e alla sofferenza.

7

Con l'attuale sistema fiscale il bersaglio da colpire non è il cittadino, ma il suo reddito. Con quella caratteristica indicata dalla Costituzione, cioè la *progressività*. Il che vuol dire, guarda caro cittadino io Stato ho bisogno di tanti soldi per essere davvero uno Stato e tu mi devi aiutare sborsando tanto denaro senza stare a guardare se quello che ti chiedo è proporzionato o meno alla ricchezza che tu possiedi, e per far ciò ho inventato una scala di valori in base alla quale sei tenuto a versare le imposte. Sono i cosiddetti "scaglioni" di reddito, il cui termine sembra utilizzato apposta per significare che tra contribuente e Stato c'è una guerra sottintesa, l'uno che vuole contribuire con il minimo possibile (qualche volta, vedi gli evasori, nemmeno per niente) e l'altro che cerca di calcare la mano fin dove la decenza glielo consente, qualche volta anche oltre la decenza. Insomma, una vera guerra.

Tu sei oggi nell'età in cui è impossibile ricordare che quando c'era il servizio militare obbligatorio di leva i soldati partivano secondo gli "scaglioni" di nascita, e da quel momento partiva, nelle caserme, lo sfottò e il non mai abbastanza deprecato fenomeno del "nonnismo". Un po' come succede adesso fra i contribuenti, la canzonatura fra gli onesti e i furbi, con questi ultimi che si danno aria da veri superuomini.

Torniamo alle cose serie: premesso che i moribondi (lavoratori dipendenti e pensionati con un reddito di 7500 euro l'anno o poco più) sono esentati dal pagamento dell'imposta dovuta dalle persone fisiche, allo stato attuale gli scaglioni di reddito che vengono presi in considerazione sono cinque:

1° scaglione: reddito fino a 15000 euro. Chi possiede fino a questo importo è tenuto a pagare il 23%;

2° scaglione: reddito superiore a 15001 euro e fino a 28000 euro. Sulla parte di questo reddito (13000 euro) occorre pagare il 27% (4510 euro) più l'imposta calcolata per il primo scaglione;

3° scaglione: sul reddito superiore a 28001 euro e fino a 55000 euro l'imposta è pari al 38% di questa differenza (euro 10260) più l'imposta calcolata per il secondo scaglione;

4° scaglione: per il reddito che va da 55001 a 75000 euro la percentuale da applicare a questa differenza (20000 euro) è del 41%, quindi 8200 euro, in aggiunta a quanto calcolato per il terzo scaglione;

5° scaglione: da 75001 euro in su. Imposta pari al 43% della differenza tra 75000 euro e quello che risulterà accertato, più ovviamente quanto risulterà calcolato per il 4° scaglione.

Facciamo un esempio pratico tra il reddito del Mario (che abbiamo visto essere di 30000 euro) e quello di un altro contribuente, che chiameremo Luigi, il quale, fortunato lui, possiede invece un reddito di 60000 euro, cioè il doppio di quello del Mario. Questi sono redditi al lordo, sui quali né il Mario né Luigi potranno fare intero affidamento per le loro spese, e dovranno dunque aspettare che il pagamento dell'imposta venga effettuato dal "sostituto" per conoscere di quanto potranno disporre. Al Mario abbiamo già visto che a titolo di imposta sul reddito gli portano via 7310 euro l'anno; a Luigi, invece, che denuncia un reddito doppio rispetto a quello del Mario, di euro gliene portano via 20270. Ecco, questo è il significato concreto della *progressività*: che non c'è *nessun rapporto diretto tra il reddito e l'imposta*. Personalmente, anche se prevista dalla Costituzione, ritengo la cosa abominevole, perché se un cittadino guadagna lecitamente più di un altro (vuoi per anzianità, vuoi per capacità o merito di cui tanto si sproloquia oggi in fase teorica, quando si fanno i discorsi in omaggio alla demagogia, vuoi ancora per ambizione o per l'impegno che si mette nel cercare di guadagnare di più) perché deve essere defraudato di quello che è il frutto del suo lavoro? Nell'esempio, lo "scippo" che viene fatto d'autorità sul reddito di Luigi è quasi tre volte superiore a quello che viene fatto su quello del Mario. C'è, in questa situazione, un qualche cosa di ideologico che stronca sul nascere qualsiasi iniziativa in grado di produrre ulteriore reddito, e, nel contempo, una mortificazione per chi ha una gran voglia di lavorare ma sa che ne viene impedito per l'eccessiva imposizione fiscale. In parole povere, una vera e sostanziale limitazione alla libertà dell'individuo. Dunque, non lamentiamoci: è da situazioni di questo genere che nasce l'evasione fiscale, da quella piccola, sciocca, da evasori da quattro soldi, a quella abnorme che si concretizza a cospetto anche dei grandi capitali. Persone fisiche e persone giuridiche, non fa differenza. Qualche volta anche lo stesso Stato. Perché devi sapere, amico mio come me ignaro di tante cose, che anche lo Stato nel passato si è comportato come un grande evasore fiscale in materia di contribuzione previdenziale. Non pagava. Si limitava a mettere in bilancio, tra le spese, la somma che *quell'anno* occorreva pagare per le pensioni degli statali, la cui copertura non c'era alcun dubbio che sarebbe stata garantita dalle entrate fiscali. Per questo i poteri forti insistono ancora oggi nel definire "spesa" la somma erogata a titolo di pensioni, anche di chi statale non è, ma in effetti dimenticano di precisare che l'unica spesa in materia pensionistica è quella che ha carattere "assistenziale".

Visto che il concetto della progressività è insito nella Costituzione, e guai a metterci mano!, mi viene da pensare che l'ostacolo possa essere aggirato facilmente, *trasferendo la progressività dal reddito ai consumi*. In maniera molto semplice, senza stare lì a sofisticare che bisognerebbe abolire quella norma, e poi quell'articolo, e poi quella paroletta, magari una semplice congiunzione, che sta tra un periodo e l'altro di un comma di legge, e poi, adesso, tutta la normativa europea che più laccio alla libertà di lavoro e intrapresa non c'è: insomma abolire ogni norma di carattere tributario impositivo, ripartendo daccapo con il rispetto di quelle che sono le condizioni essenziali del vivere insieme, ma del vivere senza strozzinaggi, senza la mannaia di pizzi che circolano più velocemente di quanto non lo facessero una volta le banconote false. A proposito, dove sono finiti i falsari? Dico questo perché ad un mio amico è stato fatto sorgere il sospetto che i falsari oggi siano molto utili, non potendo lo Stato procedere a stampare in proprio, e con tutti quei soldi che prendono vie extracomunitarie (esempio i soldi che vanno alle badanti e che in parte mandano al loro paese per sostenere i figli rimasti là) un po' di moneta fuori dai vincoli europei potrebbe essere molto, molto utile. O no? Sì, mi rendo conto di aver detto una cosa sconveniente, me ne rendo conto dalla tua faccia che è ingiallita tutta d'un tratto, e allora ritorniamo alle cose di cui stavamo parlando.

Il mio vecchio professore di economia politica (adesso non c'è più, e il vecchio sono io), all'inizio di ogni anno accademico, quando in prima fila nell'aula magna c'erano le matricole (quelle serie, di un tempo), amava spesso dire che per comprendere bene la materia bisognava partire dalla *borsa della spesa*, quella che le casalinghe si portavano appresso quando uscivano di casa e ne ritornavano con la sporta piena o semipiena, talvolta appena appena impegnata, e avevano comprato tutto ciò che poteva servire per il pranzo e per la cena della giornata. Oltre non si andava. Perché i tempi erano quelli. E lui insisteva nel dire però che anche da quel poco si poteva apprendere il segreto della formazione dei prezzi, il gioco sottile della domanda e dell'offerta, fino a giungere, tra le altre mille cose e formule algebriche, al concetto di *utilità marginale*. Un concetto così vero che tutti gli studenti ritenevano ovvio, perché proprio tutti, presi dalla fame di quei tempi (primissimi anni cinquanta), sapevamo per esperienza che era bellissimo e graditissimo fiondarci su un bel piatto fumante di maccheroni ben conditi, ma sapevamo anche che il piacere più grande era quello che si ricavava dalla prima forchettata, e che magari, una volta saziati, l'ultima avremmo anche potuto lasciarla nel piatto, ma se la ingoiavamo aveva per noi una utilità (soddisfazione) davvero marginale. Se ne poteva fare tranquillamente a meno. Allora come oggi. Come su tutti i prodotti che offre il mercato. Non per nulla le famiglie ritenute per bene mettevano sulla tavola di tutto, ma poco di tutto, cosicché il pranzo risultasse non soltanto gradito ma soprattutto apprezzato per la varietà delle cose, e le persone ritenute sagge dicono ancora oggi che da tavola bisogna alzarsi ancora con un pochettino di fame, e prima di presentarci ad un invito è bene mangiare qualche cosa, così da non apparire affamati. Che non sta bene. Mai. Neanche del potere. Ma questo è un altro argomento.

Dette queste quattro cosucce, ti verrebbe la curiosità di seguire il Mario e Luigi per vedere come si comportano con la loro borsa della spesa, avendo a disposizione, una volta abolito il sistema impositivo obbligatorio, l'uno una somma superiore a 7000 euro circa e l'altro addirittura 20000. Mi riferisco soltanto a quello che guadagneranno con l'abolizione dell'Irpef allo Stato, ma sai bene che c'è da aggiungere anche quella ai comuni e alle province e alle regioni. Finché ci saranno. Mi dirai, ma certo questi due non andranno a fare la spesa come andavano le loro nonne, con la borsa di quelle fatte a ritagli di pelle o similpelle a vari colori, di forma perlopiù romboidale, e non spenderanno tutti i soldi che si ritrovano in più soltanto per fare la spesa per la famiglia. Certo, ti rispondo, ci vorranno, e potranno, fare ben altro, tutte quelle cose alle quali hanno dovuto finora rinunciare per pagare le imposte. Ciascuno secondo i gusti, ovviamente, e secondo le possibilità, e non ultimo secondo il saggio proposto di lasciare qualche cosa da parte per il futuro. Insomma, il vecchio deprecato risparmio. Tu mi dici ancora che così facendo lo Stato non avrà più il becco di un quattrino per aprire una scuola. O per pagare un magistrato che ti possa dare giustizia, e così via. E qui ti sbagli, perché i soldi lo Stato li avrà, e li riscuoterà tutti i giorni, meglio, tutti i minuti, giacché il popolo, la gente comune e anche quella più schizzinosa, non sta mai ferma un istante, e ripresa da una fantomatica telecamera spaziale nulla avrebbe da invidiare all'andirivieni delle api e delle formiche. Prima bisogna però che io ti annunci un postulato fondamentale, senza il quale a nulla servirebbe il sistema della non imposizione generale.

Tutti i beni derivanti dalla terra appartengono alla vita dell'uomo, che su questo pianeta ci si trova non per sua scelta né per sua volontà, ed emette il primo vagito prima di chiedersi perché un nato nello stesso suo momento ha il colore della pelle diverso dal suo, o la forma degli occhi, o il colore delle pupille, o i capelli corvini o colorati come le foglie d'autunno: quel bambino sa, senza saperlo, che ha gli stessi diritti degli altri, e che la sua libertà di nutrirsi di quella terra è la stessa che hanno tutti quelli che la calpestano, con pari doveri, anche, di rispettarla e di mantenerla così come il Signore l'ha consegnata. Sì, amico mio, non ho timore di nominare il Signore di tutte le cose, perché come altrimenti potrei pretendere di essere titolare di un diritto naturale sulla terra se non accettassi l'idea che esso mi è stato dato da Chi aveva la potestà su tutte le cose?

Mi viene per conseguenza di affermare che su tutti i beni alimentari prodotti lavorando la terra e che sono necessari al sostentamento dell'uomo debbano essere categoricamente esclusi balzelli di ogni genere, da quelli che colpiscono la produzione a quelli che si applicano al momento della commercializzazione. Il pane, ad esempio. Cibo primario dai tempi dei tempi. Il contadino getta il seme (che è poi lo stesso grano), ha cura della pulizia del terreno, toglie tutte le erbacce che può. E poi aspetta. Aspetta che la natura, la madre terra, si risvegli dal torpore invernale, e decida di dare tot volte di quello che è stato seminato, e poi ecco ritorna il contadino con la falce o la mietitrice a raccogliere il frutto del lavoro della terra e dell'uomo che ne ha avuto cura, che osserva se il grano nuovo ha la stessa bellezza del vecchio, se lo lascia scivolare fra le dita e dice, se non altro con gli occhi: questa cosa è bella. Ora dimmi tu se su questo prodotto è giusto applicare gabelle che nemmeno so quali e quante siano, ma so che ci sono, come fosse lo Stato ad aver *aggiunto quel valore* scippando il premio di tanta bellezza che nemmeno un produttore di film di successo si permetterebbe di fare con i suoi registi quando conquistano l'Oscar. Il costo di quel grano è la quantità utilizzata per la semina, e l'eventuale salario corrisposto al contadino. E perché, invece, quando si va a comperare il pane non c'è verso di pagarlo come fosse oro. Certo, è oro, ma è l'oro della fatica e del sudore messo lì dagli uomini che dovrebbero vedersela da soli. Via, via tutte le imposizioni fiscali, compreso l'eventuale insetticida utilizzato per migliorare la produzione. Certo, ci vorrà un lavoro da certosini per andare a cercare in quali e quanti meandri si nascondano le trappole tributarie. Ma si può fare. Se si vuole si può fare. Così il pane, quello anche considerato migliore, potrebbe costare al banco di vendita non più della metà di quello che costa oggi. Quello che io ripeto, dunque, è che sui prodotti primari non debba essere fatta valere alcuna forma di imposizione tributaria, né diretta né indiretta, e così sarà possibile ritrovarci con una situazione di prezzi ridotti della metà, ed è questa l'unica strada per ridare ai consumatori un potere vero, cioè quello di stabilire il prezzo secondo la legge di mercato. Se domani vogliamo comperare metà pane può anche voler dire che ci è venuto a noia come cibo, e magari il contadino si metterà a tirar su una bella vigna.

Ho però parlato del grano e del pane soltanto per far intendere come il problema della eliminazione della tassazione debba essere esteso su tutta la produzione dei beni che viene messa in commercio, compresa la produzione dei beni di carattere industriale. In poche parole, e so bene che si tratta di vera e propria utopia, nulla dovrebbe essere più soggetto a tassazione fino a quando non si concretizza l'incontro tra il bene messo in vendita e il reddito della persona interessata all'acquisto di quel bene. Oh, ma così davvero si dà una mazzata allo Stato, soprattutto allo Stato sociale, che poverino si dà tanto da fare per assicurare ai poveri in assoluto il minimo di dignità possibile. Ti verrebbe da dire questo, non è vero? Certo, lo Stato si dà da fare. Peccato che non vi riesce quasi mai, perché sempre, o quasi, le finanze destinate ai poveri vanno a finire, per non troppi misteriosi meandri, nelle tasche dei ricchi. Dire questo non è populismo, giacché di ben altre cose il popolo vorrebbe sentir parlare. Ma questa è la verità indiscussa che mettono in evidenza i fatti di tutti i giorni, e fortuna che ancora esiste una mezza libertà di diffusione delle notizie. Certo, bisogna stare attenti. Non stuzzicare troppo. Ma la verità è la verità. E cammina con le sue gambe. E va lontana assai.

La mia utopia prevede, in concreto, che su tutti i beni o servizi, sia posta, al momento dell'acquisto, una "tassa", che chiamerò IVB (*imposta sul valore del bene*), corrispondente percentualmente al prezzo del bene che andrò a comperare, o IVS (*imposta sul valore del servizio*). E qui dico subito che i servizi che interessano il rapporto fra lo Stato e il cittadino sono quelli di sempre, non occorre stilare nuove categorie: ma fare delle precisazioni, sì. Ad esempio, se il cittadino si rivolge ad una agenzia di viaggi per farsi organizzare una bella crociera pagherà l'IVS percentualmente al valore del servizio richiesto (un conto una crociera da Civitavecchia a Tunisi, un altro quello da Venezia alle capitali del mare del nord). Ma è servizio anche quello che il cittadino chiede al notaio quando va a registrare l'atto di compravendita di una casa: qui il servizio richiesto è uno solo, l'opera professionale del notaio che deve convalidare la legittimità dell'acquisto, e l'IVS andrà pagata soltanto sull'onorario da questi percepito. Non vedo altro motivo per cui, acquistando una casa, dovrei pagare il "pizzo" allo Stato

soltanto perché viene a conoscenza del fatto che io ho comperato una casa. Affari miei, o no?

Sui beni alimentari e di prima necessità nessuna tassazione può essere prevista, essendo essi destinate a soddisfare le
primarie necessità dell'esistenza, in primis quelle dei poveri. Tu
dici: ma anche se ad acquistare tali beni fosse non un povero,
ma addirittura un ricchissimo? Certo, dico io: mi puoi dire tu,
in coscienza, quanto pane può mangiare più di un povero che
so, giusto per fare un esempio, il o l'ex Cavaliere? Un po' di
tempo fa avrei detto l'Avvocato. E quanto vino da tavola può
bere in più? Mettiamo: fino ad ubriacarsi? E con questo? Non è
la sua ricchezza a fargli trarre dal pane o dal vino (soltanto
esempi, vedi bene) quella maggiore *utilità marginale* che potrebbe spingerli a consumare di più. Quello che a me interessa è
che prenda a fiorire un maggior consumo soprattutto da parte
dei meno abbienti, e questo lo si può ottenere soltanto non ap-
pesantendo questi beni con le imposte di produzione (come abbiamo visto prima) e nemmeno con una tassazione al momento
della vendita. Si tratterà di vedere quali sono i beni alimentari
primari di cui si discute. Bene. Ci sono tanti di quei cervelloni
in giro che sapranno farlo agevolmente, come quando c'era il
"paniere" della scala mobile e lo cambiavano continuamente, e
sapevano bene quando sostituire il valore dei lacci per le scarpe
con le apparecchiature elettroniche. A queste menti bisognerà,
dunque, stare molto attenti. Perché non seguano strade troppo
arzigogolate. E poi, in fondo, appare piuttosto semplice. Ho
parlato del vino. È ovvio che deve trattarsi soltanto di quello
comune, da tavola. Se mi viene in mente di acquistare il Brunello di Montalcino, di quello più pregiato, beh!, anche se sono
povero in canna dovrò sborsare l'IVB nella misura adeguata.
Oppure me ne sto a casa, a guardare dalla finestra quello che

farà il mio dirimpettaio che proprio questa voglia di sborniarsi con il Brunello se la vuole proprio levare. Potrei esemplificare tra i beni primari il latte, la pasta, la verdura, tutti i prodotti per bambini fino ai sei anni, le patate, gli "odori" dell'orto, le carote, le cipolle, l'aglio, e tutte quelle altre cose di simile rilevanza. Attenzione: non sto suggerendo un calmiere dei prezzi, ciascuno venderà la sua produzione secondo i costi che ha dovuto sopportare per produrla, sto solo indicando che su questi beni non deve essere applicata nessuna imposta sul valore del bene (IVB). E alla fine ci sarà un maggior consumo e una maggior produzione e, se proprio non guasta, una maggiore occupazione.

E su tutti gli altri beni? Una IVB progressivamente crescente, fino a raggiungere, nei casi più estremi, un importo pari allo stesso valore bel bene acquistato. Faccio subito un esempio concreto: ti vuoi comperare una Ferrari che costa quello che costa? Bene, pagherai al venditore il prezzo della vettura e allo Stato un imposta pari allo stesso prezzo che hai sborsato. Te lo puoi permettere. Se ti compri una Ferrari o un bene simile vuol dire che te lo puoi permettere. Magari per vanagloria, per dimostrare a tutti quanto vali. Ed è bene che sia così se con il tuo lavoro hai guadagnato tanto da potertelo permettere. O magari perché in qualche modo hai rubato, anche allo stesso Stato nei casi in cui si è distratto, o diciamo pure, senza offesa, perché sei stato e continui ad essere un evasore. Adesso non te lo puoi più permettere. Perché nessuno potrà più accettare pagamenti che non siano effettuati con un sistema elettronico. Paghi la vettura e dalla tua carta elettronica partirà con immediatezza l'input che trasferirà l'equivalente *direttamente nelle casse dello stato*. Subito. Senza alcun intermediario. E il venditore non potrà fare finta di niente, magari anche regalarti l'automobile per qualche "affare" reciproco andato a buon fine. Perché la vettura, quando uscirà dalla fabbrica, avrà il suo bel numero marchiato a fuoco e non potrà sparire in un niente: anche perché gli ispettori della finanza, che avranno meno da fare, saranno un giorno sì e uno no nei luoghi dove queste macchine si vendono e dove, di conseguenza, si paga l'IVB con il sistema elettronico.

Per semplificare le cose, sarebbe veramente opportuno fissare un criterio equitativo basato sul prezzo del bene, riconoscendo i seguenti generi:
- primari (fino ad un prezzo di euro 10)_____IVB = 0
- comuni (da 10 a 30 euro)_____IVB = 5%
- di selezione (da 30 a 100) _____IVB = 20%
- di alta qualità (da 100 a 500)_____IVB = 30%
- straordinari (da 500 a 1000)_____IVB = 35%
- eccezionali (da 1000 a 1500)_____IVB = 40%
- esclusivi (da1500 a 3000) _____IVB = 45%
- di lusso (da 3000 a 10000)_____IVB = 50%
- di extra lusso (da 10.000 a 20000)_____IVB = 55%
- di super lusso (oltre 20000)_____IVB = 100%
e possa essere applicata a tutte le merci e ad ogni servizio, dai generi alimentari a quelli dell'abbigliamento, dai prodotti per la casa a quelli dell'hobbistica, dai viaggi sul territorio nazionale alle crociere internazionali, dal cinema ai teatri e ai grandi concerti all'aperto, dai libri alla produzione musicale, dalla frequentazione delle palestre all'uso delle piscine, e via cose di questo genere che gli esperti di marketing sicuramente ne sanno molto più di chi scrive. Ma che so, giusto per fare un esempio banale che riguarda la vita di tutti i giorni, un abito da indossare può essere classificato come comune se non è prodotto da firme alla moda, diventa esclusivo quando una signora va a fare l'acquisto di uno di quegli abiti presenti nelle sfilate di moda e

poi nemmeno lo indosserà mai per non farsi ingiuriare per la strada.

Stessa cosa può dirsi per i generi alimentari: più comune del pane non c'è nulla, e così per il vino da tavola; altra cosa è il Brunello di Montalcino, o certe bottiglie di champagne che nei punti di vendita vengono custodite in vetrine sotto chiave e soltanto per aprirle devi chiamare il direttore delle vendite. Il consumatore, che non è mai sprovveduto, provvederà a scegliere la merce che più lo soddisfa sia in termini di qualità che di prezzo, ed è risaputo che più il prezzo sale e più taluni insistono in quella merce perché così facendo pensano di fare invidia all'universo mondo. Perché così è fatta l'umanità. Mostrare di essere. Specialmente quando *"non si è"*. E possibilmente con i soldi degli altri, come accade in questi nostri sciagurati tempi. E allora, perché intestardirsi a non introdurre il sistema elettronico sia per gli introiti che per i pagamenti? Come farà il lestofante a giustificare i guadagni ingiusti? E anche lo dovesse fare, sarà comunque colpito al momento in cui andrà a spendere quei maledetti soldi di rapina, e non potrà sfuggire a mettere il proprio sigillo su quell'esborso di denaro. Non bisogna dimenticare, poi, che alla fine la selezione del bene per inquadrarlo in una delle categorie osservate sarà fatta direttamente dal venditore, ossia da colui che determinerà l'incontro effettivo tra il bene in suo possesso e il reddito dei clienti. L'esempio del vestito. Un abito da cento euro non può certamente essere considerato di lusso o esclusivo. E se il negoziante vuole venderlo a cento euro significa che gli ha dato un valore comune, e gli farà pagare l'IVB corrispondente. Il commerciante, nel dare il valore di cento euro a quell'abito, non ha fatto il furbo per vendere o per fare un piacere a qualche amico che gli aveva chiesto un abito di valore a poco prezzo, perché non avrà nessun interesse a squalificare la propria merce. In tale situazione si verificherebbe una delle cose che quasi nessun politico, centrale o locale, è riuscito a realizzare: la collaborazione tra il mondo del commercio e quello dello Stato, in materia di finanza. Perché poi è il commercio che per primo e unico tasta il polso di come va la vita, se la ripresa c'è o non c'è, o dove c'è, quando c'è. E il mondo del commercio anche lui avrebbe il suo bell'interesse a comportarsi come si deve, perché anche nei suoi confronti lo Stato avrà deciso di non ricorrere più alla imposizione fiscale di qualsiasi genere. E quel commerciante che fino ad ora ha sempre guardato di traverso lo Stato, sarà in assoluto il primo a rifornirlo del denaro di cui ha bisogno, mettendo in diretto collegamento la tessera elettronica del compratore con l'apposito ufficio delle finanze, dove istantaneamente affluiranno i dati dell'intero sistema commerciale: nel caso dell'abito da cento euro, ad esempio, se considerato bene di selezione, lo *Stato incasserà subito* 20 euro. Il commerciante, dunque, sarà un contribuente come un altro qualsiasi, i suoi guadagni saranno quelle classici derivanti dalla differenza del costo che ha sostenuto per avere il prodotto e l'incasso della giornata o dell'anno. E li andrà a spendere come vorrà. Con le stesse regole che valgono per tutti. Soltanto per i beni di genere extra lusso e super lusso possiamo consentire che sia lo Stato a individuarli e a classificarli, nulla lasciando alla iniziativa personale: perché una Ferrari è una Ferrari, e non puoi permetterti di classificarla come vuoi tu, giusto per consentire a qualche amico di pagare una IVB più bassa e quindi di frodare lo Stato.

Ti sei accorto anche tu che il Mario e Luigi stanno lì, sembra, frementi di aiutarci nelle esemplificazioni? Sì, ho capito, ho visto anch'io che tra il Mario e Luigi si è messo un altro che vuol partecipare all'esperimento. E lasciamolo fare. Lo chiameremo Giovanni. Ma si vede lontano un miglio che sta lì soltanto per gioco, perché questo Giovanni mi pare poco più che un barbone, va in giro con un paio di scarpe che mi pare tutto siano fuorché un paio di scarpe. Ah, ho capito: è uno di quelli totalmente assistiti dallo Stato, un povero in canna che è costretto a vivere (diciamo vivere!) con circa 450 euro al mese. Il famoso assegno sociale. E buon per lui che mi pare anche single. Senza pesi da portarsi appresso. Così va dove vuole, dorme dove gli capita. E adesso è capitato qui. Benvenuto, Giovanni!

8

Vedi, mio compiacente amico, avrei voluto seguire passo passo i nostri tre amici nella loro nuova dimensione di capacità di spesa, però mi è stato veramente impossibile farlo. Questi qui, con tutto il denaro in più che si sono ritrovati fra le mani, si sono messi in testa di essere diventati chissà chi, e hanno preso a spendere come mai gli era capitato prima, e alla fine di ciascun mese si sono ritrovati in tasca la stessa povera risorsa finanziaria che avevano prima che qualche pazzo si decidesse di mettere in atto la mia utopia. Ti dirò, anche, che Luigi ha addirittura speso molto di più di quello che spendeva prima, ma dice che così è molto soddisfatto perché ha cominciato a godere di alcune cose che anche a lui, non esattamente povero, era stato oggettivamente impedito di avere. Perché doveva mantenere i figli all'Università, e quegli sciagurati non è che si fossero accontentati dell'Università cittadina, ma no, avevano fatto le valige ed erano partiti per due distinte destinazioni, sia pure sempre in Italia. Ma gli affitti delle stanze per gli studenti costavano dappertutto, e così Luigi aveva dovuto fare sacrifici immensi, mentre ora, con oltre ventimila euro in tasca in più, si è sentito più sereno anche verso i figli. Qualche volta li ha anche baciati e abbracciati quando tornavano per qualche fine settimana. Non gli capitava più di farlo da molto tempo. Quasi fossero degli estranei. E invece era lui che, nonostante la buona posizione economica, si sentiva inadatto e colpevole non sapeva di cosa. Così adesso si è comprato anche uno degli abiti di alta qualità che aveva sempre visto nella vetrina del centro vicino al Parlamento, e sì, dice che è proprio vero, con quell'abito adesso si sente non dico un signore ma uno che sa il fatto suo sì, e ha anche cominciato a cambiare il passo per essere in linea con quel bell'abito, che a prima vista, quando lo hanno visto i colleghi d'ufficio, aveva fatto proprio colpo, ma forse anche perché Luigi è un bell'uomo e certe cose se le può ancora permettere e fare la sua bella figura. Addirittura sta pensando di cambiare automobile, ma lo farà soltanto il prossimo anno, quando ha pensato di utilizzare per intero l'importo che prima gli detraeva il sostituto d'imposta, e l'ha pensata proprio bene, la cosa, perché anche tanti suoi colleghi hanno deciso di cambiare l'automobile, e stanno andando in giro dicendo che almeno in questo modo sono sicuri della fine che faranno i loro soldi, e cioè almeno una piccola ripresa del settore automobilistico, con la conseguente crescita dell'occupazione e un po' di calo della cassa integrazione, mentre in mano allo Stato magari sarebbero andati a finire in tanti rivoli e rivoletti di beneficenza, o chissà anche a qualche tagliagole da strapazzo, perché la politica pare inadatta anche a spendere bene. A spendere tanto, sì; a spendere bene, meglio non parlarne. Sarebbe anche capace, nonostante il dettato della Costituzione, ad armare aeroplani e portare una guerricciola da qualche parte. O magari soltanto a comprare qualche bel velivolo civile di rappresentanza. Quel mondo è fatto così. L'ostentazione vale mille volte di più di una sana e autentica formazione diplomatica.

A Luigi lo Stato dovrebbe essere veramente grato, perché si è messo a spendere in cose che hanno reso e renderanno con immediatezza tanti di quei soldi che prima nemmeno se li sognavano, Luigi e lo Stato: perché il pagamento dell'IVB è stato e sarà superiore a qualsiasi aliquota dell'Iva precedentemente in vigore, con il risultato che lo Stato incasserà di più e subito, grazie al pagamento con la moneta elettronica, e Luigi sarà molto, ma molto più contento di prima. Anzi, contento e basta. Come vuole essere qualsiasi cittadino. Come ha il diritto di essere, qualsiasi cittadino onesto.

Anche il Mario si è messo a spendere più di prima, un po' più accortamente di quello che ha fatto Luigi perché il suo reddito è di preciso la metà. Ma siccome non ha figli, si è potuto dare un po' alla bella vita, e almeno una volta la settimana si è concesso il lusso di portare la sua signora al ristorante di cui si diceva un gran bene ma che in fatto di soldi era un po' caruccio. Certo, il ristorante per buona parte fornisce ben manovrati generi alimentari che nella classificazione da me accennata dovrebbero essere compresi, taluni, tra i generi comuni. Ma il Mario sa che dal ristorante si pretende qualche cosa di più di quello che si chiede al mercato, talché qualsiasi cena, nell'ambiente più confortevole, non può che essere considerata, nel suo complesso, come un servizio classificabile come selezione o addirittura alta qualità, e quindi di prevedere il pagamento di una IVB (o IVS, trattandosi di servizio) pari al 20% o al 30%. Cotto e mangiato, si potrebbe dire. Il Mario non è ancora uscito dal ristorante che la sua imposta elettronica è già nelle casse dello Stato. Ma non prendiamo, mio caro amico, il Mario come persona desiderosa di avanzare nella scala sociale solo con riferimento ai ristoranti da frequentare. Gli faremmo un grande torto, perché gli piace andare anche a teatro, a vedere qualche buon film, di quelli fatti bene e non soltanto per fare cassa, e poi è anche un buon lettore di libri, e adesso ha approfittato di questa riforma fiscale utopica per colmare quel buco nello scaffale dello studio, e chissà che un giorno ci possa andare a finire anche questo lavoretto scritto soprattutto per la serenità di persone fatte come lui. Difatti il Mario adesso si sente più tranquillo, la mattina quando si rade non avverte più quel tic all'occhio destro che non lo lasciava in pace neanche nei momenti più distesi della giornata, e tutti gli dicevano, moglie compresa, che doveva andare a farsi vedere da qualche buon neurologo; soltanto adesso si è reso conto che quella brutta cosa è sparita all'improvviso, e da solo si è convinto che la causa di quel malessere consisteva nel fatto di sentirsi un cittadino ignaro della fine che avrebbe fatto il suo "contributo" forzato; adesso no, si sente addirittura un diretto collaboratore dello Stato, perché tra di loro ha compreso che non esistono più mediatori, e si sente come il benefattore che prima donava alle varie associazioni di beneficenza l'obolo di cui non si sarebbe mai conosciuta la destinazione (qualche volta sì, magari a Regina Coeli o a San Vittore), e adesso ha compreso che è meglio donare direttamente a chi ne ha bisogno, magari andando per le strade di notte e accompagnando il gesto di carità anche con un sorriso.

E Giovanni? Ti dirò che Giovanni mi ha sorpreso non poco, perché giusto ieri nell'uscire di casa l'ho incontrato che aveva un paio di scarpe nuove. Niente di eccezionale, per carità!, sai quelle cosiddette sportive dove il piede sta comodo comodo e non c'è il rischio che ti venga l'alluce valgo o il dito a martello, e ad uno come lui che è costretto a vivere per la strada un paio di scarpe così è proprio quello che ci voleva. Ma prima non poteva farlo: perché o le scarpe o il pane, non c'era via d'uscita. Adesso ho sentito che raccontava ad uno di quei portieri che quando hanno finito di sistemare la posta si mettono sempre in mezzo alla strada a parlare con tutti del più e del meno, che al supermercato era successo un miracolo, il pane addirittura sceso di prezzo, e così la pasta e i pomodori pelati che lui ne consuma non ti dico quanti perché dentro ci mette il tonno in scatola e ci va matto da morire, e così si è fatto due conti e ha potuto stabilire che con il risparmio su queste cose che avrebbe fatto in un anno ci avrebbe potuto comprare un paio di scarpe nuove, e così subito ha fatto, e si è fiondato alla calzoleria all'angolo per portarsi via quel paio di scarpe che sempre lo rimirava quando ci passava vicino, e ha trovato che anche le scarpe erano ribassate di prezzo. Aveva negli occhi, Giovanni, un sorriso che non gli si vedeva da tanti anni, dicono quelli che hanno avuto la ventura di conoscerlo da tempo, da quando lavoricchiava qua e là in nero, senza contributi previdenziali, e così eccolo ridotto ad elemosinare dallo Stato quell'assegno sociale che i furbi evasori fiscali si mettono spesso in testa di prenderselo pure loro. Spessissimo ci riescono pure. E non è che adesso l'assegno di Giovanni sia stato aumentato, no davvero, ci vuole ben altro, ma è che essendo diminuito il prezzo di tutte le cose che lui acquistava per vivere adesso ci campa meglio, molto meglio, e l'effetto è come se incredibilmente l'assegno si fosse rivalutato per miracolo. Così mi sono fatto un giro nelle piazzette del quartiere, dove di solito parcheggia una umanità demotivata e ci passa i giorni e le notti, e ho captato un'aria diversa, quasi di allegria, con la gente che tira fuori dai fagotti mercanzie che scartano con frenesia e subito mettono in bocca, e ti guardano con quelli occhi piccoli piccoli e profondi come a volerti dire che loro non hanno bisogno d'altro nella vita, che vogliono soltanto essere lasciati in pace e poter riempire lo stomaco con quei quattro soldi che riescono a tirar fuori dalle elemosine.

Come Giovanni, questi poveretti hanno scoperto che il supermercato vende a prezzi più bassi i generi alimentari di cui abbisognano, e altro non vanno chiedendo. Ma immaginando che quella che chiamano pacchia sarebbe durata il tempo di un sogno, una volta si sono tutti accalcati all'ingresso del mercato più vicino, temendo che la merce a buon prezzo sarebbe terminata all'improvviso e loro sarebbero rimasti a mani vuote, ma tanto gracchiavano e spintonavano che dovette arrivare la polizia urbana a mettere ordine e pace.

In sintesi, dalle mie osservazioni posso dedurre: primo, che i poveri è come se fossero diventati meno poveri, nel senso che è aumentato il loro potere d'acquisto. Lo so, lo so che usare l'espressione "potere" riferita ai poveri sembra una malvagia provocazione, ma in termini economici di questo si tratta veramente; secondo, che chi dispone di un buon reddito ha aumentato i consumi azzardandosi anche all'acquisto di beni e servizi che prima poteva soltanto sognarli, e che nel corrispondere la relativa imposta sul valore del bene ha pagato forse più tasse di quelle che pagava prima, ma che ne ha tratto maggiore soddisfazione "marginale" ed è ora un cittadino più sereno che non si sente più "braccato" da uno Stato carogna; terzo, che questo Stato ha incassato immediatamente ciò che a lui era dovuto, e che l'incasso è risultato al netto di qualsiasi intermediario; quarto, che qualche cittadino ha osato acquistare automobili di gran pregio, soprattutto quelli fatti in casa nostra, corrispondendo il cento per cento del valore allo Stato, e così mettendo anche a posto la propria coscienza di ex evasore e potendo finalmente dormire sonni tranquilli, non correndo più il rischio di confondere all'alba i miagolii dei gatti randagi con quelli delle pantere della guardia di finanza.

Resterebbe da definire il ruolo dei Comuni in questa nuova sistemazione delle entrate tributarie. Avendo infatti "utopicamente" abolito le imposte sono venute meno anche quelle destinate ai comuni, che ugualmente venivano acquisite, in primis fra i lavoratori dipendenti, attraverso i sostituti d'imposta. È più che notorio che a fare la maggior parte delle spese pubbliche più direttamente osservabili e controllabili dai cittadini sono i Comuni. Il Comune è l'ente per eccellenza della nostra Italia. È la nostra storia. È la nostra bella, orgogliosa storia. E quindi più che lo Stato (che ancora, forse, non c'è) è il Comune ad essere impegnato in prima linea con i propri concittadini, e dunque non può mai rimanere con le casse sguarnite. I soldi delle tasse li deve avere, subito. E come fare, con il sistema elettronico previsto, perché ciò sia possibile? Ricorrendo proprio al sistema elettronico.

Quanti sono i Comuni? Mi dicono 8000, o giù di lì. Bene, e tu pensi, mio caro amico, che essendo molto meno anziano di me di elettronica te ne intendi proprio assai, tu pensi che questo sia un numero impossibile a gestire? Una bazzecola, direbbe il grande Totò. Perché basterebbe impiantare nel sistema elettronico ricevente l'imposta una opzione (da profano non saprei come chiamarla diversamente) che preveda su ogni somma ricevuta, magari alla fine di ogni "giornata fiscale", uno "smistamento" percentuale ai singoli comuni, che risulterà di importo quasi insignificante per le piccole spese sostenute dal contribuente, ma che nell'insieme dovrebbe essere tale da soddisfare le esigenze di ogni comune. Ovviamente, soltanto per le opere e i servizi di ordinaria amministrazione. Altra cosa, che vedremo nel prossimo capitoletto, sono le grandi opere. E ci vuole proprio tanto a classificare gli ottomila comuni in base alle loro necessità finanziarie? Basterebbe una seria previsione di spesa e, all'inizio di ogni anno, inserire, a capo di ciascun comune, una percentuale di suddivisione adeguata, ed ecco che, nel momento in cui il contribuente effettua la spesa e la percentuale di imposta passa direttamente allo Stato, a periodi precostituiti (esempio, a fine giornata o fine mese) questo la ripartisce automaticamente fra i Comuni in base alla previsione di spesa approvata. Stesso discorso vale per le Regioni, fin quando esisteranno: ma ho l'impressione che gli italiani delle prossime generazioni ne faranno un sol boccone, e ne resterà soltanto un amaro ricordo. Adesso, non dirmi che la mia proposta di ripartizione è impossibile. Se è impossibile questa cosa mi devi dire perché io debbo credere che l'uomo è stato sulla Luna o che magari un giorno non troppo lontano proverà a mettere i piedi anche su Marte. Pensaci, Giacomino. O come caspita ti chiami.

9

Da quando le mie idee sono venute a conoscenza del fatto che altre idee, le idee di quelli che contano, altro non fanno che procurare danni alla comunità, e danni grandissimi, si sono imbizzarrite perché secondo loro non le sto prendendo in seria considerazione, o almeno non sono capace di rappresentare con esattezza ciò che esse intendono perlomeno suggerire. Esse non riescono a comprendere che spesso la prudenza obbliga a certe rinunce espressive, perché la verità e l'onestà possono anche far correre il rischio di perderci la vita. E non tutti gli uomini hanno il sovrumano coraggio di giocare il tutto per tutto. Bisognerebbe essere abituati al rischio, al gioco del rosso e del nero, al cinismo del *rien ne va plus*. No, non può essere cosa di chi per eredità lavorativa può lasciarsi dietro soltanto una scia di ordinaria burocrazia. E allora bisogna che io trovi un pretesto per accollare ad altri la responsabilità di questo gioco, dire tutte le cose che sarebbe piaciuto a me dire, e non solo dire, ma gridare, gridare con tutto il fiato che ci può essere in gola quando la gola è stanca di gridare. Ed è stanca. Tanto stanca. Allora ecco che tu, grandissimo amico mio, ti sei accorto di questa mia debolezza, perché furbescamente hai captato le idee che stavano lì e premevano, premevano. Così te ne fai portavoce, ed io sto qui ad ascoltare quello che dici, e tu non devi farmi domande, non mi devi chiedere se ho compreso quello che dici, non coinvolgermi, ti deve bastare un cenno della testa, un battito di ciglia, un sorriso. Finché ne sarò capace.

Caspita, autore carissimo, mi coinvolgi in cose che sono più grandi di me! È ben vero che sono un tuo amico, ma sono soltanto un amico virtuale, anche se condivido tutto ciò che finora hai scritto, così ecco che anche io sono preoccupato di dire quelle cose che a te fa spavento soltanto accennare. Ma ci proverò. Per amicizia. Ed eccomi a parlare di quella brutta cosa che è principale causa ed effetto della spesa pubblica. Degli appalti.

Se in casa ho bisogno di dare una rinfrescatina alle pareti ho solo tre soluzioni: o vado dal ferramenta a comprare vernici e pennello e mettermi di buzzo buono a lavorare di persona; o chiedo di qualcuno che sa fare bene il mestiere e lo incarico di fare lui questo lavoro; o chiedo a più persone competenti se sono disposte a fare il lavoro che mi serve, e di comunicarmi entro tot giorni quanti soldi vogliono da me, in modo che io possa scegliere quello che sembra più adatto alle mie esigenze sia come garanzia di un lavoro ben fatto sia come prezzo richiesto.

Poiché io sono una persona fisica, posso scegliere tutte e tre le soluzioni che ho prospettato. Nessuno sta qui a comandarmi una scelta piuttosto che l'altra. Io rispondo di me stesso, e solo con me stesso la dovrò prendere in caso la mia scelta si rivelasse sbagliata, da tutti i punti di vista. Compreso quello dell'onere della spesa. Magari sarei costretto a rifare tutto daccapo, a rimetterci un sacco di soldi per un lavoro mal fatto. Ma è roba mia. Rispondo solo a me stesso.

Capita però che un uomo sia convinto di avere grandi capacità rispetto ai propri concittadini o connazionali, e che si ritenga in grado di manovrare risorse finanziarie non come persona fisica responsabile dei propri atti, ma in nome e per conto di una cosiddetta persona giuridica pubblica, in parole povere per conto del Comune, della Provincia (o di ciò che resta), della Regione e dello stesso Stato. E così si presenta nell'agone delle elezioni amministrative o politiche, spiega agli elettori quali sono i suoi progetti per il bene comune, li convince che soltanto lui sarà in grado di far fronte a tutte le necessità della comunità, e alla fine diventa quello che vuole diventare: sindaco, presidente di provincia o di regione, deputato e poi, chissà, anche ministro. Capo del governo capita a pochi di volerci pensare. Per fortuna.

I soldi che vengono affidati a queste autorità sono pubblici, e ne dovranno rispondere se non seguiranno alla lettera le disposizioni che "la legge" ha stabilito in proposito. Si tratta, in pratica, degli appalti. Basta seguire le regole per emettere il bando relativo ai lavori da fare, e poi attenersi scrupolosamente alle direttive che riguardano l'assegnazione dei lavori. Che non sono mai bazzecole. Milioni di euro. Molti milioni di euro, spesso. Qualche volta anche miliardi. E che c'è di strano, dirai anche tu che sei l'autore di questo libello. Lo sai benissimo, cosa c'è di strano: che tutte queste regole e regolette vengono bellamente seguite ma concretamente disattese attraverso un'infinità di compiacenze così ben orchestrate che a vederle da fuori tutto sembra sempre in perfetta regola. Invece quasi sempre ci sono imbrogli, a tutti i livelli di competenza. Non c'è bisogno che io ti enumeri per filo e per segno tutti i casi che rappresentano la vergogna quotidiana, basta leggere i giornali o accendere la televisione o collegarsi ad internet. Parentopoli, mafia, quella originaria e quella capitale, 'ndrangheta, camorra, sacra corona unita, delinquenza organizzata e delinquenza comune, pizzi e pizzini, usurai, pistolettate dappertutto a uomini e donne e bambini senza differenza o rispetto, traffico di stupefacenti e... basta, mi viene davvero il voltastomaco soltanto ad immaginare il dolore di quanta povera gente ne debba sopportare le conseguenze. Loro, no. La politica, no. Non è accaduto mai, che io ricordi, che un sindaco o un'autorità similare sia stata ritenuta responsabile delle conseguenze di un grande appalto. Di un grande appalto andato a finir male. Che ha mangiato soldi su soldi. Che a forza di adeguamento del prezzo originario sia venuto a costare dieci volte di più di quanto previsto e pattuito inizialmente. E magari il lavoro neppure terminato. Figuriamoci poi a pretendere il rispetto dei tempi concordati. Quando addirittura il lavoro risulta mal fatto e pericoloso per l'incolumità pubblica. Il fiume di denaro si è andato a perdere in rivoli e rivoletti, ha trovato strade e sentieri non troppo immaginari. E nessuno paga, nessuno si sente responsabile. Le regole sono state seguite. Tutte. Allora io mi chiedo se il difetto non stia proprio lì, nelle regole. Nella troppa apparente democrazia delle regole. Perché appare sempre più di spiccata evidenza che anche la democrazia presenta dei limiti che non possono essere superati, proprio in nome della democrazia. E allora sembrerebbe non soltanto opportuno ma addirittura doveroso cambiare marcia, e a ciò conduce soprattutto l'obbligo morale di spendere bene i soldi dei cittadini, e prendere sempre il solito buon esempio che la storia dell'uomo ci propone e noi facciamo sempre finto di non guardarlo nemmeno, ci giriamo dall'altra parte quasi ci facesse ribrezzo. Parlo delle virtù del buon padre di famiglia. Che spesso non è né virtuoso né buon padre. Ma che a pagare tocca solo a lui quando le cose vanno male, non ci sono dubbi; e la Giustizia non perdona mai. O quasi. Dipende.

Allora diciamo al sindaco (o ad altra autorità competente): per le esigenze di spesa della tua comunità, per le opere occorrenti al buon vivere dei cittadini, per le scuole, per le strade, e per tutte quelle cose che devi fare per governare la comunità ti assegniamo una somma pari a tot moneta. Tu che governi dovrai spendere la somma che ti occorrerà utilizzando, sì, il sistema degli appalti con le regole che ci sono adesso, ma per i pagamenti, per tutti i pagamenti, userai il sistema della moneta elettronica, e così vedrai che si riuscirà a comprendere dove alberghi il malaffare, perché soltanto così diventerà impossibile, a tutta la filiera dei rapporti burocratici, erogare o ricevere "mazzette", e vedrai che a poco a poco i furbi e i disonesti allenteranno la presa perché capiranno che non c'è più nessuna possibilità di aggrapparsi a nessun compiacente salvagente. Non ti piace questo nuovo sistema di pagamento? Bene, non ti presentare a chiedere voti, così sarà eletta altra persona che magari può anche essere meno capace di te ma che coraggiosamente assumerà la responsabilità di applicare il nuovo sistema. Non più soldi. Non più banconote. Solo numeri. E non sentirti depresso per questo, se non ti senti di farcela. Guarda tu quanti uomini non se la sentono di metter su famiglia. E tu credi perché non sanno amare una donna o odiano i bambini che potrebbero venire? Manco per niente, è soltanto perché forse si ritengono più sinceri di tutti, e nel timore di commettere errori irreparabili intanto ne commettono uno, il più grande di tutti: quello di preparare la solitudine del loro futuro.

Non è questo che volevi che dicessi, caro autore? Sì, penso proprio di sì. E mi pare anche di aver visto l'accenno di un sorriso nei tuoi occhi, ma giacché porti gli occhiali potrei essere stato messo in confusione da qualche bagliore di luce che viene da quella porta finestra dove ti fa l'occhiolino la vecchia pianta di limone. Concludo che se dunque sono gli appalti la causa di tanta corruzione e di così diffuso malaffare, mi pare proprio che il sistema elettronico da te utopicamente proposto possa proprio andar bene, senza che tutto finisca a tarallucci e vino, tutti compromessi dal primo all'ultimo, e mai che uno alzi il dito e rosso di vergogna confessi un *mea culpa*, sia pure sottovoce. No. Tutti a gridare la propria innocenza. La colpa è di Tizio. No, di Caio. No, di tutti e due. Di tutti quelli che stavano lì prima. Di interi consigli eletti soprattutto per controllare; come il Parlamento, la cui funzione originaria era quella, sì, di fare le leggi, ma anche l'altra, quella di controllare l'operato del governo, e di mandarlo a casa ogni volta che avesse avuto la prova della sua inefficienza o della sua corruzione.

Un illustre magistrato ha avuto il coraggio di affermare che di questi tempi i politici continuano a "rubare" come e più di prima, e che l'unica differenza sta nel fatto che non se ne vergognino. Può darsi che sia soltanto una "benevola" provocazione, una battuta da salotto come le tante che si dicono quando si vuol far intendere a suocera ciò che si indirizza a nuora. Resta il fatto che la percezione del popolo è proprio quella lì, quella della ruberia strisciante e diffusa. Dicono che il danaro è lo sterco del diavolo. Ma tutti vogliono avere il portafoglio pieno di banconote, e mostrare agli ingenui, quando lo aprono, che si tratta di banconote proprio belle e colorate assai, da cinquanta, da cento, da cinquecento euro: che se per fortuita coincidenza una fiammata dovesse incenerirle tutte quella ricchezza svanirebbe in un istante. Come il Potere. Certa gente vuole il danaro perché vuole il Potere. Perché è ormai dato per assodato che senza soldi non può esistere Potere. Non può esistere fascino. Non può esistere attrazione. Non può esistere consenso. Non può esistere successo, mai, da nessuna parte: se vuoi fare l'attore, se vuoi fare il cinema, se vuoi fare il politico, il pittore, lo scrittore. E il Potere sembra ormai dominare incontrastato anche nel vivere e nel sentire comune, basta avere massacrato un bambino e subito ti ritrovi sulla scala più alta della notorietà e del successo. Il Potere del crimine.

Allora io, l'autore di questo libriccino, mi riprendo la tela che anche tu, amico mio sconosciuto, hai contribuito a tessere, e mi confermo nella convinzione che è proprio vero che le cose astratte sono più concrete delle concrete, che la bellezza è mille volte migliore dei belli, che la bontà supera di gran lunga l'essere buoni. E ringrazio te, prezioso amico virtuale, di avermi ascoltato senza un accenno di derisione, così con serenità posso tornare ad impadronirmi delle mie idee nella speranza, chissà in quale giorno lontano, di poter affermare che anche i numeri, di per sé cosa astratta per eccellenza, potranno prendere il posto delle banconote, magari piano piano, anno dopo anno, togliendo dalla circolazione prima quelle da cinquecento, poi quelle da duecento, poi da cento, da cinquanta, da venti, da dieci e infine quelle da cinque euro. Anche con l'augurio, questo sì davvero utopico, di non avere più nelle tasche le monete metalliche, anche esse possibili cause di ingordigia e, non da ultimo, di pernicioso contagio per la salute dei popoli.

E adesso che sul balcone del mio studio non riesco a vedere più nulla perché s'è fatta sera, e un venticello di tramontana riesce a passare attraverso la finestra che pervicacemente non ho voluto trasformarla in pvc, mi pare che le idee si siano alquanto acquetate, e sorridendo per essere riuscite ad indurmi nel tentare l'avventura impossibile di questa utopia, si vanno lentamente nascondendo tra e dietro i libri che a me sono più cari, e mi parlano ancora di quelli che considero gli amici di sempre, mi parlano di Socrate, di Platone, di Aristotele, di Pitagora e di tutti coloro che un tempo, quando la gioventù batteva nelle vene, consideravo come un inutile passatempo nei giochi della vita, e che oggi, pentito e amareggiato di non aver dato loro troppo ascolto, vorrei avere accanto a me anche quando non avessero più nulla da dire. O io non più orecchie per ascoltare.

FINE